CORAZÓN GUERRERO

Una Jornada Espiritual para Hombres

Elvis Diaz

CONNECTION
MINISTRIES

A ELVIS DÍAZ JR.
Que Dios guíe cada paso de tu jornada espiritual. Que Su Santo Espíritu te llene siempre de sabiduría, y que la gracia de Jesús te cubra y fortalezca todos los días.

¡Te amo, hijo mío!

Gracias por tomar el tiempo y la determinación de escoger esta guía de crecimiento espiritual y decidir emprender esta jornada juntos. Recuerda que la gracia divina es más que suficiente; sí, el evangelio de Jesús te alcanza aun en medio de la vergüenza, y solo en Él encontramos la oportunidad para crecer. Que Dios bendiga tu jornada espiritual, y que esta guia sea una herramienta útil para ayudarte a ver con claridad el camino hacia Él.

CONTENIDO

INTRODUCCIÓN

¿Estás listo para una transformación que impacte no solo tu vida, sino también a los que te rodean? *Corazón Guerrero: Un viaje espiritual para hombres* te invita a emprender una travesía transformadora que te llevará a ser el hombre que Dios ha llamado a ser: un guerrero espiritual. En la vida diaria, los desafíos a los que nos enfrentamos como hombres requieren mucho más que fuerza física o éxito material; requieren un carácter moldeado por principios eternos y una conexión profunda con el Creador. Este manual está diseñado para guiarte en ese viaje, fortaleciendo tu corazón y mente conforme al modelo divino.

Como un guerrero espiritual, estás llamado a vivir una vida de integridad, humildad, amor sacrificial y autodisciplina. Estas cualidades no son solo herramientas para mejorar tu vida personal, sino que son los pilares sobre los cuales se construye un carácter sólido y una fe inquebrantable. En cada estudio, explorarás cómo estos valores son esenciales para convertirte en un hombre conforme al corazón de Dios, alguien que lidera con empatía, persevera con valentía y determina seguir a Cristo sin importar las circunstancias.

Corazón Guerrero:
Una jornada espiritual para hombres.

Un viaje de transformación personal

La guía de crecimiento espiritual para hombres es un recurso esencial que aborda las facetas fundamentales del carácter masculino desde una perspectiva cristiana. Cada etapa de la guía se asemeja a la preparación de un guerrero para las batallas de la vida, equipándolo con las herramientas necesarias para enfrentar desafíos personales, familiares y sociales.

La importancia de la figura masculina en la dinámica familiar y social ha sido ampliamente estudiada. Un informe de The Family Watch destaca que la ausencia de una figura paterna en el hogar está relacionada con actitudes violentas y antisociales en los hijos. Además, se señala que, tras las revueltas juveniles de 2011 en Tottenham, más del 80% de los detenidos provenían de hogares sin padre.[1] Estos hallazgos subrayan la necesidad de que los hombres asuman roles activos y positivos en sus familias y comunidades.

La guía no solo promueve el desarrollo personal, sino que también prepara al hombre para liderar con integridad, amor y valentía. Al igual que un guerrero se entrena para la batalla, esta guía equipa al hombre de Dios para enfrentar las pruebas de la vida con una fe sólida y un carácter firme, reflejando los principios de Cristo en cada acción y decisión.

A través de este recurso, el hombre de Dios encuentra herramientas prácticas para integrar estos valores en su vida cotidiana, superando sus propias limitaciones y miedos. En un mundo donde los

Este manual está diseñado para guiarte en ese viaje, fortaleciendo tu corazón y mente conforme al modelo Divino.

---

[1] The Family Watch, *Cinco estudios que desvelan la importancia de tener una figura paterna*, última modificación el 10 de abril de 2024, https://thefamilywatch.org/2024/04/10/cinco-estudios-que-desvelan-la-importancia-de-tener-una-figura-paterna/.

principios suelen ser desafiados, este recurso actúa como una armadura espiritual, ayudando a cada hombre a vivir con firmeza y propósito, sabiendo que su compromiso de seguir a Dios fortalece a su familia y a su comunidad.

Inicia El Cambio Hoy

Este viaje comienza con una decisión: abrir tu corazón a la transformación que Dios tiene para ti. A medida que avances, ora para que cada enseñanza penetre profundamente en tu ser. Permite que el Espíritu Santo te transforme y te convierta en el hombre que Dios ha diseñado para este tiempo. Cada lección es un paso más hacia un carácter que honra a Dios y un liderazgo que impactará a quienes te rodean. Este es tu momento de tomar las armas espirituales y caminar en el sendero de un guerrero conforme al corazón de Dios. ¿Estás listo para enfrentar los desafíos con la valentía, la fortaleza y la fe que se requieren? ¡Este es el comienzo de una vida transformada por principios eternos y un llamado divino!

¿Cómo usar este manual?

Este manual ha sido diseñado como una herramienta para guiarte en la transformación de tu carácter a través de un proceso de crecimiento espiritual estructurado en ocho etapas clave. Cada etapa se centra en un aspecto específico de la vida del guerrero espiritual, desde la integridad hasta la valentía, y cada una de ellas es un paso más hacia el desarrollo de una vida que refleje a Cristo en todas tus decisiones y relaciones.

Cada lección incluye una reflexión bíblica, preguntas profundas y acciones prácticas para

"El hombre, como figura masculina, es un pilar esencial en las dinámicas sociales, cuyo liderazgo y presencia no solo fortalecen familias, sino que también moldean comunidades, inspirando valores y dirección en cada generación."

fortalecer tus principios y avanzar en tu jornada espiritual. No se trata de un estudio pasivo; cada paso busca desafiarte a poner en práctica valores fundamentales y habilidades espirituales a través de un compromiso activo y constante. Además, cada etapa contiene un **"Reto del Guerrero"**, diseñado para que fortalezcas tu carácter mediante la acción, reforzando los principios de cada lección y aplicándolos a situaciones reales de tu vida diaria.

Usa este manual de forma progresiva, dedicando tiempo y reflexión a cada etapa. Recuerda que el crecimiento espiritual es un proceso continuo y que cada una de las etapas —integridad, humildad, amor sacrificial, fortaleza espiritual, autodisciplina, empatía, valentía y determinación— está diseñada para construir en ti las cualidades de un hombre conforme al corazón de Dios.

Cada etapa de este manual forja en ti el carácter de un verdadero guerrero espiritual, fortaleciendo tu vida para reflejar a Cristo en cada paso.

Primera etapa

Integridad

El Pilar de un Guerrero Espiritual.

La integridad moral es vivir de manera coherente con los principios bíblicos, actuando con justicia, honestidad y verdad en todas las áreas de tu vida. Implica ser la misma persona tanto en público como en privado, sin doblez ni hipocresía. La integridad moral no se limita a evitar el pecado, sino que también busca hacer lo correcto, reflejando el carácter de Cristo en cada decisión y acción. Es vivir de tal manera que tus pensamientos, palabras y acciones estén alineados con los principios de la Palabra de Dios.

En un mundo donde la corrupción y la falta de ética están presentes en muchos sectores, el llamado de Dios a que vivas una vida íntegra es más relevante que nunca. Ser íntegro significa reflejar el carácter de Dios en cada aspecto de tu vida, tanto pública como privada. Este estudio te ayudará a reflexionar sobre cómo puedes desarrollar y fortalecer la integridad en tu vida diaria, basándote en los principios bíblicos.

El llamado de Dios a que vivas una vida íntegra es más relevante que nunca.

16

José
Un Modelo de Integridad Inquebrantable

José, el hijo de Jacob, es uno de los personajes bíblicos que más claramente ejemplifica una vida de integridad inquebrantable. Desde su juventud hasta su posición como gobernador de Egipto, José enfrentó pruebas que pusieron a prueba su carácter, pero en cada desafío, se mantuvo fiel a los principios de Dios. Su vida es un ejemplo de coherencia entre lo que creía, lo que decía y lo que hacía, reflejando justicia, verdad y lealtad tanto en lo privado como en lo público. José no solo resistió la tentación, sino que vivió una vida de integridad que influyó poderosamente en quienes lo rodeaban. Su historia nos enseña que la integridad no depende de las circunstancias, sino de un compromiso firme con Dios, que transforma el corazón y las decisiones diarias.

Textos Clave para una Vida Íntegra:
Salmos 15:2
2da Corintios 13:5
Proverbios 12:22
Job 31:1
Proverbios 27:17

El objetivo en esta primera etapa es acompañarte a desarrollar una vida de integridad inquebrantable, una vida que esté alineada con los principios bíblicos, donde cada pensamiento, palabra y acción reflejen el carácter de Cristo en todas las áreas de tu vida. La integridad es el pilar que sostiene el corazón de un verdadero guerrero, un corazón que vive con coherencia, justicia y verdad. Este es el comienzo de un viaje que te ayudará a fortalecer ese pilar, para que puedas enfrentar cada desafío con la seguridad de que tu vida está alineada con la voluntad de Dios.

Paso UNO
REFLEXIONA SOBRE LA REALIDAD DE LA INTEGRIDAD

La integridad es más que una virtud personal; es la base sobre la cual se construyen todas las demás cualidades del carácter cristiano. Vivir en integridad significa que lo que decimos, hacemos y creemos está alineado en todos los aspectos de nuestra vida. Es una coherencia interna que no se ajusta a las circunstancias ni a las expectativas sociales, sino a los principios inmutables de la Palabra de Dios. Cuando andamos en integridad, no solo actuamos con justicia externamente, sino que también mantenemos una pureza de corazón, buscando la verdad y la rectitud aun en lo más profundo de nuestro ser. A través de este paso, exploraremos cómo podemos caminar en integridad en nuestro día a día y enfrentar los desafíos que puedan poner a prueba nuestra coherencia espiritual.

"El que anda en integridad y hace justicia, y habla verdad en su corazón."

Salmos 15:2

Reflexiona

¿Qué acciones se mencionan en el texto que describen a una persona que anda en integridad?

Según el versículo, ¿dónde debe estar la verdad en la vida de una persona que camina en integridad?

¿Por qué crees que la integridad es descrita como la base para las demás cualidades del carácter cristiano?

¿Qué relación existe entre la integridad y la justicia mencionada en este versículo?

Piensa en una situación reciente en la que tus palabras y acciones no estuvieron alineadas. ¿Qué cambios puedes hacer para que tus palabras reflejen la verdad de tu corazón, y tus acciones, la justicia que busca Dios?

Acción

Anota dos situaciones recientes donde hayas sentido que tu integridad fue puesta a prueba. Reflexiona sobre cómo tus decisiones estuvieron alineadas con los principios bíblicos.

José es un ejemplo notable de integridad inquebrantable en la Biblia. Su vida refleja una coherencia total entre lo que creía, decía y hacía, sin importar las circunstancias adversas que enfrentaba. Cuando fue tentado a pecar con la esposa de Potifar, su respuesta no se basó en el miedo al castigo, sino en su compromiso de vivir en integridad delante de Dios, diciendo: "¿Cómo, pues, haría yo este gran mal, y pecaría contra Dios?" (Génesis 39:9). Este compromiso con la verdad y la justicia se mantuvo incluso en la prisión, donde José continuó actuando con rectitud y fidelidad, sin dejar que las injusticias lo apartaran de su integridad. José nos enseña que vivir en integridad no depende de las circunstancias externas ni de la aprobación de los demás, sino de una convicción profunda de honrar a Dios en todo momento.

Paso DOS
AUTO-EVALÚATE CONSTANTEMENTE

El camino hacia la integridad requiere una constante autoevaluación. No podemos asumir que estamos siempre en el camino correcto sin detenernos a reflexionar sobre nuestras acciones, pensamientos y motivos. La autoevaluación nos permite identificar áreas en las que hemos fallado o donde necesitamos crecer. Esto no solo fortalece nuestra relación con Dios, sino que también nos ayuda a mantenernos fieles a nuestros principios, evitando que pequeños desvíos se conviertan en grandes errores. La práctica de la autoevaluación es esencial para seguir un camino de integridad que honre a Dios en todo lo que hacemos.

Autoevaluarse no significa condenarse a uno mismo o vivir una vida llena de culpas, sino evitar caer en la negación espiritual. Es ser consciente de nuestras realidades y llevarlas a los pies de la cruz.

"Examinaos a vosotros mismos si estáis en la fe; probaos a vosotros mismos."

2 Corintios 13:5

Reflexiona

¿Qué acción específica se nos pide que realicemos en este versículo?

¿A quién va dirigido el mandato de "examinaos a vosotros mismos"?

¿Qué significa "estar en la fe" según este versículo?

¿Cómo crees que el acto de probarnos a nosotros mismos fortalece nuestra relación con Dios?

¿Cuáles son las áreas en tu vida que podrías evaluar para asegurarte de estar caminando en la fe?

Acción

Dedica un momento cada semana para realizar una autoevaluación espiritual profunda. Durante este tiempo, identifica las áreas de tu vida donde percibes que estás viviendo de acuerdo con los principios bíblicos y aquellas donde necesitas crecer. Lleva un registro de tus reflexiones y comprométete a trabajar en las áreas que requieren mayor atención, pidiendo la guía de Dios para mantenerte firme en Su voluntad.

José se autoevaluaba constantemente

Desde su tiempo como esclavo hasta su injusto encarcelamiento, José demostró una constante capacidad de autoevaluación. Su vida siempre estuvo alineada con la voluntad de Dios. Al interpretar los sueños del faraón, José reconoció que el poder no provenía de él, sino de Dios, quien le otorgaba sabiduría: "No está en mí; Dios será el que dé respuesta propicia" (Génesis 41:16). A pesar de su posición o éxito, José nunca se dejó llevar por el orgullo. Continuamente reflexionaba sobre su dependencia de Dios, evaluando su vida a la luz de la voluntad divina. José era consciente de sus fortalezas y debilidades porque se autoevaluaba constantemente. A veces es fácil creer lo que no somos; para vivir una vida de integridad, debemos aprender a ser íntegros con nosotros mismos.

Paso TRES
COMPROMÉTETE CON LA TRANSPARENCIA

La transparencia es un pilar fundamental de la integridad. Vivir con transparencia significa no esconder nada en las sombras ni tratar de engañar a los demás para protegernos o sacar provecho. Cuando somos transparentes, nuestras palabras reflejan lo que realmente somos, sin máscaras ni engaños. Además, la transparencia implica ser honestos con nosotros mismos y con Dios, lo que fortalece nuestra relación con Él y nos permite vivir de manera auténtica. No me refiero a ser indiscretos, sino a evitar una vida falsa, donde solo la apariencia importa, lo que lleva al agotamiento emocional y espiritual. En este paso, reflexionaremos sobre las áreas en las que fallamos en ser transparentes y cómo podemos fortalecer nuestra disposición a vivir en la verdad.

"Los labios mentirosos son abominación a Jehová, pero los que hacen verdad son su contentamiento."

Proverbios 12:22

Reflexiona:

¿Qué contraste presenta el versículo entre los labios mentirosos y los que hacen verdad?

¿Cómo describe el texto la reacción de Jehová hacia los que mienten?

¿Qué implica "hacer verdad" según este pasaje y por qué agrada a Jehová?

¿Por qué crees que los labios mentirosos son considerados una abominación para Dios?

¿Cómo puedes asegurarte de que tus palabras y acciones reflejen la verdad en tu vida diaria, de manera que agraden a Dios?

Acción

Comprométete esta semana a practicar la verdad en todas tus interacciones. Identifica un área en la que normalmente te cuesta ser completamente honesto, ya sea en el trabajo, en casa o en tus relaciones personales. En lugar de buscar excusas o dar respuestas a medias, elige ser transparente y sincero, buscando agradar a Dios en cada palabra que digas.

José ejemplificó la transparencia en todas las etapas de su vida, actuando con integridad y sinceridad, incluso cuando tuvo la oportunidad de vengarse de sus hermanos. En lugar de ocultar su identidad o permitir que el resentimiento lo dominara, José se reveló con honestidad y les ofreció perdón, diciendo: "Yo soy José, vuestro hermano, el que vendisteis para Egipto" (Génesis 45:4). Su transparencia, incluso en momentos de profundo dolor, reveló un corazón lleno de verdad y pureza, demostrando que la integridad va más allá de las circunstancias. Ser transparente no es sinónimo de malcriadez, pero sí está profundamente ligado a la sinceridad, permitiendo que la verdad fluya con respeto y honestidad

Paso CUATRO
ESTABLECE LÍMITES MORALES CLAROS

La integridad requiere que establezcamos límites morales claros que guíen nuestras decisiones diarias. Sin estos límites, es fácil caer en pequeños compromisos que, con el tiempo, desgastan nuestra integridad. Establecer dichos límites es un acto intencional de compromiso con los principios de Dios, protegiéndonos de las tentaciones y asegurándonos de que nuestras acciones estén siempre en armonía con Su voluntad. Estos límites nos brindan sabiduría y seguridad espiritual, permitiéndonos actuar con confianza, sabiendo que nuestras elecciones honran a Dios.

No me refiero a seguir extremismos religiosos basados en argumentos no bíblicos, sino a que cada límite moral en tu vida esté firmemente arraigado en la Palabra de Dios, actuando como barreras que te protegen y fortalecen espiritualmente.

"Hice pacto con mis ojos; ¿cómo, pues, había yo de mirar a una virgen?"

Job 31:1

Reflexiona

¿Qué pacto hizo Job con sus ojos, según el texto, y qué implicación tiene este pacto en su vida diaria?

¿Qué nos enseña la acción de "hacer un pacto" con los ojos sobre la importancia de establecer límites claros en la vida de Job?

¿Por qué crees que Job relaciona el control de su mirada con la fidelidad a Dios? ¿Cómo puede este pacto proteger su integridad moral?

¿Cómo refleja este pacto el compromiso de Job con mantener límites morales claros en su vida, y qué nos enseña sobre la necesidad de tales límites en nuestro caminar espiritual?

¿En qué áreas de tu vida puedes establecer un "pacto" o límite moral similar para proteger tu integridad y fidelidad a Dios, incluso en las situaciones más tentadoras?

Acción

Define tus límites morales con claridad. Anótalos y compártelos con alguien de confianza para que te ayude a mantenerte fiel a ellos.

José tenia límites morales claros

José, a pesar de vivir en circunstancias difíciles como esclavo y prisionero en una tierra extranjera, mantuvo siempre un círculo de apoyo que fortaleció su integridad y carácter. Cuando fue vendido como esclavo, ganó la confianza de Potifar, quien lo puso a cargo de toda su casa (Génesis 39:4). En la cárcel, estableció relaciones cercanas con el copero y el panadero del faraón, quienes compartieron sus sueños con él (Génesis 40:1-5). Además, una vez casado, mantuvo una relación de confianza con su esposa Asenat, quien conocía sus luchas y su pasado como esclavo (Génesis 41:45). Finalmente, tras años de separación, José reconstruyó su relación con sus hermanos y su padre, formando con ellos un círculo de apoyo que aseguró la preservación de su familia (Génesis 45:7-8).

Paso CINCO
FORMA UN CÍRCULO DE RESPONSABILIDAD

La integridad no se fortalece en el aislamiento. Dios nos ha diseñado para vivir en comunidad, y parte de esa comunidad incluye rodearnos de personas que nos apoyen en nuestro caminar espiritual. Un círculo de responsabilidad está formado por amigos o mentores que nos desafían, apoyan y motivan a mantenernos firmes en nuestros principios. Estas relaciones, fundamentadas en la confianza y el amor cristiano, nos permiten rendir cuentas de nuestras acciones y corregir el rumbo cuando sea necesario. Contar con un círculo de responsabilidad es clave para preservar nuestra integridad.

No estoy sugiriendo que debas compartir tus desafíos con todo el mundo, pero sí te animo a que cultives un círculo íntimo de personas en quienes confíes, que te ofrezcan una amistad sincera y apoyo genuino en tu caminar espiritual.

"Hierro con hierro se aguza; y así el hombre aguza el rostro de su amigo."

Proverbios 27:17

Reflexiona

Según el texto, ¿cómo se relaciona el proceso de afilar el hierro con la interacción entre amigos?

¿Qué enseñanza práctica podemos extraer del principio de "hierro con hierro" para tu vida diaria?

¿Por qué crees que las relaciones cercanas y de confianza son esenciales para mantener y fortalecer nuestra integridad moral?

¿De qué manera puede un círculo de amigos comprometidos con los principios bíblicos ayudarte a mantenerte firme en tus límites?

¿Qué pasos puedes tomar para rodearte de personas que te desafíen, apoyen y ayuden a afilar tu carácter espiritual?

Acción

Forma un grupo de responsabilidad con dos o tres personas de confianza. Acuerden reunirse o comunicarse regularmente para compartir sus luchas y victorias en el área de la integridad.

José tenia su circulo

José, a pesar de vivir en circunstancias difíciles como esclavo y prisionero en una tierra extranjera, mantuvo siempre un círculo de apoyo que fortaleció su integridad y carácter. Cuando fue vendido como esclavo, ganó la confianza de Potifar, quien lo puso a cargo de toda su casa (Génesis 39:4). Más tarde, en la cárcel, estableció relaciones cercanas con el copero y el panadero del faraón, quienes compartieron sus sueños con él (Génesis 40:1-5). Además, se sugiere que, una vez casado, mantuvo una relación de confianza con su esposa Asenat, a quien probablemente confió sus desafíos y su pasado como esclavo (Génesis 41:45). Finalmente, tras años de separación, José reconstruyó su relación con sus hermanos y su padre, formando con ellos un círculo de apoyo que aseguró la preservación de su familia (Génesis 45:7-8). A través de estas conexiones, José mostró que no vivía como un solitario, sino que comprendía el valor de rodearse de personas que fortalecían su fe y su propósito.

RECUERDA

La integridad es el pilar de un verdadero guerrero espiritual. A lo largo de esta primera etapa, has recorrido un camino profundo, explorando lo que significa vivir en coherencia con lo que crees, dices y haces. Cada paso te ha invitado a reflexionar sobre áreas clave para desarrollar una integridad inquebrantable, basada en los principios de la Palabra de Dios.

No se trata solo de evitar el pecado, sino de vivir con justicia, verdad y coherencia en cada aspecto de tu vida. Has aprendido a autoevaluarte, reconociendo la importancia de ser transparente, a establecer límites morales claros y a rodearte de un círculo de apoyo que fortalezca tu caminar espiritual. Estas decisiones no solo forman el carácter, sino que definen quién eres como hombre de Dios.

Recuerda que, un guerrero espiritual no se apoya en sus propias fuerzas, sino en el poder de Dios. Este camino no se recorre solo; se trata de un crecimiento continuo en Cristo, donde la dependencia en Su poder es esencial para superar los desafíos de la vida. Es en esa dependencia donde encuentras la verdadera.

La integridad es la base que define a un guerrero espiritual, ya que vivir en coherencia con lo que crees, dices y haces, depende de la dependencia en el poder de Dios.

RETO DEL GUERRERO

Hoy te invito a entregar cada uno de tus desafíos en las manos de Dios. Reconoce que solo Él puede hacer en ti lo que no puedes por ti mismo. Pídele que te dé las fuerzas que no tienes y que restablezca tu motivación cuando te falte. La integridad se fortalece cuando dependemos completamente de Dios, quien moldea nuestro carácter para reflejar a Cristo en todas las áreas de nuestra vida.

Ahora, como guerrero espiritual, enfrentas la decisión de hacer estos principios una realidad diaria. Vive con valentía: establece límites morales firmes, practica la transparencia y rodea tu vida de hombres que te apoyen en tu camino. En cada momento de tentación o dificultad, recuerda que tu integridad es lo que te define. Camina con la certeza de que, al seguir estos pasos, reflejarás el carácter de Cristo en cada área de tu vida. Enfrenta este reto con determinación, sabiendo que no estás solo, sino que cuentas con la fortaleza de Dios y el apoyo de aquellos que comparten tu lucha por vivir una vida íntegra.

"Todo lo puedo en Cristo que me fortalece."

Filipenses 4:13

Segunda etapa

Humildad

La fuerza silenciosa del guerrero

La humildad es la actitud del corazón que reconoce nuestra dependencia total de Dios, valorando a los demás más que a nosotros mismos y rechazando el orgullo. La **vida de servicio** es el resultado de esa humildad, manifestándose en acciones que buscan el bienestar de los demás sin esperar reconocimiento. Jesús modeló perfectamente la humildad al servir a sus discípulos y entregar Su vida por la humanidad. Ser humildes y servir a otros no es una opción para el creyente, sino una expresión tangible de nuestra fe en acción.

En un mundo que a menudo exalta el orgullo y la autosuficiencia, el llamado de Dios a vivir en humildad y a servir a los demás se destaca de manera especial. Este estudio te guiará a reflexionar sobre cómo puedes desarrollar una actitud de humildad y ponerla en práctica a través del servicio, siguiendo el ejemplo de Cristo.

"La humildad es reconocer nuestra total dependencia de Dios, sirviendo a los demás con amor y sin buscar reconocimiento, como una expresión viva de nuestra fe en acción."

Moisés
Un Ejemplo de Humildad Transformadora

Moisés, el líder elegido por Dios para liberar a Su pueblo de Egipto, es uno de los personajes bíblicos que mejor ilustra una vida de humildad y servicio. Aunque comenzó con inseguridades y dudas sobre su capacidad para liderar, Moisés se sometió a la voluntad de Dios y aprendió a depender de Su guía en cada paso. A lo largo de su vida, demostró una humildad que iba más allá de su rol de líder; no buscaba reconocimiento ni poder, sino cumplir con fidelidad el propósito divino. A pesar de las constantes quejas y desafíos del pueblo, Moisés intercedió con compasión, prefiriendo el bienestar de Israel por encima de su propio honor. Su historia nos enseña que la verdadera humildad no es debilidad, sino una fuerza silenciosa que nace de la dependencia en Dios, transformando tanto al líder como a quienes lo rodean.

Textos Clave para una Vida Humildad:
- ✓ **Filipenses 2:3**
- ✓ **Mateo 20:28**
- ✓ **1 Pedro 5:5**
- ✓ **Mateo 20:26**
- ✓ **1 Pedro 5:6**

El Objetivo de esta segunda sección es Fomentar en el guerrero la capacidad de vivir en humildad, reconociendo la grandeza de Dios y sirviendo a los demás sin buscar reconocimiento, siguiendo el ejemplo de Cristo. La humildad es la verdadera fuerza del guerrero espiritual, que lidera desde el servicio y la empatía, transformando a quienes lo rodean.

Paso UNO
Reflexiona sobre la humildad

La humildad es una actitud del corazón que se manifiesta en cada una de nuestras interacciones diarias. Vivir con humildad implica poner a los demás por encima de nuestras propias ambiciones y orgullo, reconociendo el valor que Dios les ha otorgado. No significa rebajarnos, sino comprender que cada persona tiene una dignidad que debemos respetar y honrar. Practicar la humildad es un reto constante, sobre todo cuando somos tentados a buscar reconocimiento o competir por prestigio. A través de este paso, aprenderemos a cultivar esta virtud en nuestras relaciones cotidianas, tomando como ejemplo a Cristo, quien nos enseñó a servir con amor genuino, sin esperar nada a cambio. Vivir con humildad transforma nuestras acciones y refuerza nuestra conexión con Dios.

"Nada hagáis por contienda o por vanagloria; antes bien con humildad, estimando cada uno a los demás como superiores a él mismo."

Filipenses 2:3

Reflexiona

¿Qué mensaje nos da el texto sobre las motivaciones detrás de nuestras acciones?

¿Cuál es la diferencia entre considerar a alguien "superior a ti mismo" y valorarlos por el propósito que Dios tiene para ellos?

¿Cómo se muestra un respeto genuino por la dignidad del otro?

Imagina que en tu día a día ves a alguien luchando o necesitándote: ¿de qué forma podrías aplicar esta enseñanza de humildad al acercarte y apoyar a esa persona?

En lugar de centrarte en tus propios logros, ¿cómo podrías reconocer y celebrar el valor de otros en tu vida y comunidad esta semana?

Acción

Identifica una situación reciente en la que hayas luchado con el orgullo. Reflexiona sobre cómo podrías haber respondido con humildad y qué pasos tomarás para actuar con humildad la próxima vez.

Moisés mostró una **humildad** notable al aceptar la misión de liberar al pueblo de Israel, a pesar de sentirse inseguro y no preparado. Aunque fue educado en la corte de Faraón, no se dejó llevar por el orgullo. Cuando Dios lo llamó desde la zarza ardiente, Moisés respondió con humildad, cuestionando si era la persona adecuada para la tarea: "¿Quién soy yo para que vaya a Faraón y saque de Egipto a los hijos de Israel?" (Éxodo 3:11). A lo largo de su vida, continuó dependiendo de Dios y poniendo las necesidades del pueblo por encima de sus propios deseos. Su capacidad para ver el propósito de Dios y liderar con humildad, incluso guiando a millones, es un ejemplo de carácter. Esta humildad nos enseña a ver a los demás con amor y respeto, siguiendo el ejemplo de Moisés.

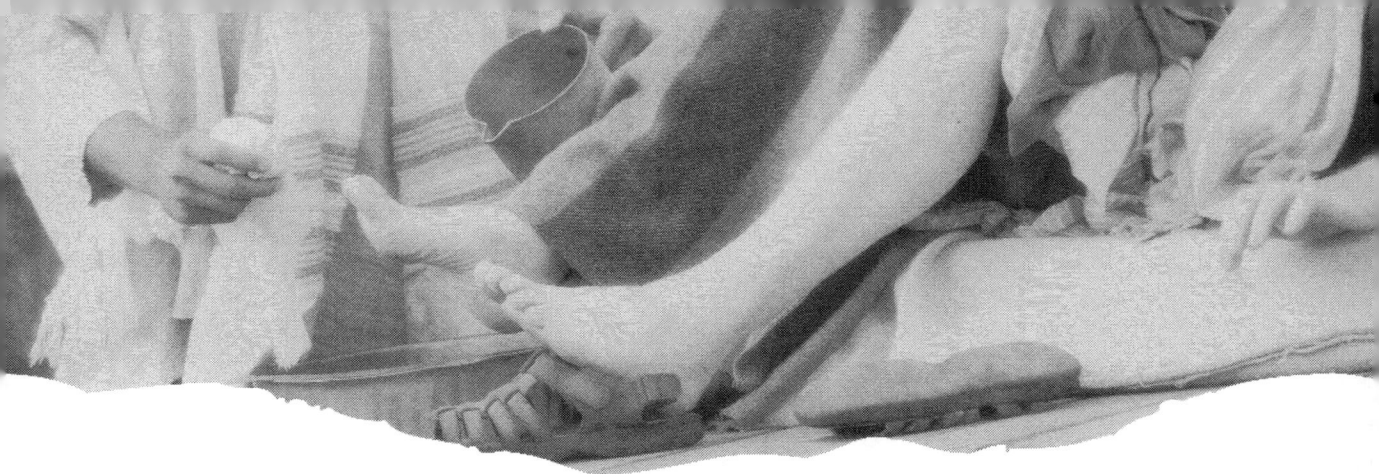

Paso DOS
SIGUE EL EJEMPLO DE JESÚS

Jesús nos dejó un ejemplo inigualable de servicio genuino, libre de manipulación o interés personal. Aunque tenía todo el derecho de ser servido, eligió voluntariamente entregarse a los demás con amor y sacrificio, sin esperar nada a cambio. Nuestro llamado como seguidores de Cristo es reflejar este tipo de servicio, no como una herramienta para obtener favores o beneficios, sino como una expresión sincera de amor y compasión hacia quienes nos rodean. Servir de esta manera no solo transforma la vida de aquellos a quienes ayudamos, sino que también moldea profundamente nuestro carácter.

Al practicar un servicio desinteresado, nos volvemos más semejantes a Cristo, quien mostró verdadera humildad y entrega, y nos alineamos más con Su ejemplo. Este tipo de servicio nos recuerda que la grandeza en el reino de Dios radica en poner a los demás por encima de nuestras propias ambiciones.

"El Hijo del Hombre no vino para ser servido, sino para servir, y para dar su vida en rescate por muchos."

Mateo 20:28

Reflexiona

¿Qué te enseña el ejemplo de Jesús en este versículo sobre el verdadero propósito del liderazgo y el servicio?

¿Cómo influye en tu percepción del servicio saber que Jesús eligió servir en lugar de ser servido?

¿Qué aspectos de tu vida actual podrían beneficiarse al modelar el mismo servicio desinteresado que mostró Jesús?

¿Cómo podrías reflejar el amor y sacrificio de Cristo al ofrecer tu ayuda, sin esperar reconocimiento?

¿Qué puedes hacer esta semana para demostrar un servicio genuino, que no busque recompensas?

Acción

Busca una oportunidad esta semana para servir a alguien de manera desinteresada, sin esperar nada a cambio. Reflexiona sobre cómo este acto impacta tu carácter y relación con Dios.

Moisés, al igual que Jesús, demostró un ejemplo profundo de servicio desinteresado durante su vida como líder. Aunque fue llamado a una posición de autoridad sobre el pueblo de Israel, nunca buscó su propio beneficio o gloria. Un claro ejemplo de su carácter de siervo se ve cuando intercedió ante Dios en favor del pueblo, pidiendo misericordia cuando Dios quiso destruirlos por su rebelión (Éxodo 32:11-14). En lugar de distanciarse o aprovechar su posición para obtener ventajas personales, su vida reflejó el principio de liderazgo como servicio. Ser un verdadero líder no es acumular poder, sino estar dispuesto a sacrificarse por los demás. Al igual que Jesús, Moisés entendió que el servicio no es una obligación, sino una expresión de amor. Este llamado a liderar con humildad y poner a los demás primero sigue siendo vigente hoy.

Paso TRES
PRACTICA LA HUMILDAD EN TUS RELACIONES

La humildad no es solo una actitud interna, sino que debe reflejarse en nuestras relaciones. En nuestras interacciones diarias, tanto en el ámbito personal como profesional, la humildad es clave para construir relaciones saludables. Ser humilde en las relaciones implica escuchar activamente, valorar las opiniones de los demás y reconocer nuestras propias limitaciones. Esto significa dejar de lado el orgullo y optar por una actitud de servicio y respeto hacia los otros.

Humildad relacional es la capacidad de valorar y reconocer a los demás en nuestras interacciones. No se trata de imponer nuestras ideas, sino de escuchar y entender. A través de esta humildad, construimos relaciones basadas en la empatía y el respeto, promoviendo vínculos más sólidos y auténticos. La humildad relacional fomenta un ambiente de crecimiento mutuo y apoyo, donde cada persona es valorada por su dignidad intrínseca.

"Revestíos de humildad; porque Dios resiste a los soberbios, y da gracia a los humildes."

1 Pedro 5:5

Reflexiona

¿Qué significa para ti "revestirte de humildad" en el contexto de tus relaciones diarias?

¿Cómo cambia la forma en que te relacionas con los demás al saber que Dios resiste al soberbio y da gracia al humilde?

¿Cómo podrías haber actuado con más humildad para construir una relación más saludable?

¿Qué pasos prácticos puedes dar esta semana para escuchar más a los demás y valorar sus opiniones, reflejando una actitud de humildad?

En tus interacciones profesionales, ¿cómo puedes asegurarte de que estás priorizando el respeto y el servicio hacia los demás, por encima del deseo de imponer tus propias ideas?

Acción

Elige una relación en la que el orgullo haya causado tensión y ora por la oportunidad de actuar con humildad. Da el primer paso para restaurar esa relación.

Moisés ejemplificó la humildad en sus relaciones personales, especialmente en momentos de conflicto con aquellos cercanos a él. Cuando Aarón y María cuestionaron su liderazgo, Moisés no se defendió ni actuó con orgullo. En lugar de eso, dejó que Dios defendiera su causa, demostrando una confianza profunda en el plan divino y una humildad genuina (Números 12:1-3). Este incidente muestra cómo, a pesar de su posición de poder, Moisés eligió actuar con mansedumbre, priorizando el bienestar de la comunidad sobre su propia reputación. En nuestras relaciones, ya sean familiares, laborales o espirituales, la humildad de Moisés nos sirve como guía. Ser un guerrero espiritual no implica imponer nuestra autoridad, sino confiar en Dios, actuar con sabiduría y humildad, y siempre buscar la paz y la justicia en nuestras interacciones.

Paso CUATRO

DESARROLLA UN CORAZÓN DE SIERVO

El llamado a ser un siervo en el reino de Dios desafía los valores del mundo. Aquí, la grandeza se mide por el poder o el reconocimiento. En cambio, en el reino de Dios, la verdadera grandeza se encuentra en el servicio desinteresado. Jesús nos enseñó que el liderazgo genuino nace de un corazón dispuesto a servir a los demás, sin buscar elogios o recompensas. Tener un corazón de siervo implica priorizar el bienestar de los demás, incluso cuando exige sacrificio personal. Este servicio no persigue beneficios propios, sino que refleja una entrega sincera hacia las necesidades de otros.

Un verdadero guerrero espiritual actúa con humildad, colocando el servicio por encima del ego. El hombre de Dios está llamado a desarrollar este corazón de siervo en sus relaciones: con su familia, su comunidad y su iglesia. Sirve con amor, compasión y disposición, reflejando el amor de Cristo y buscando siempre el bienestar de los demás, sin esperar nada a cambio.

"Pero entre vosotros no será así, sino que el que quiera hacerse grande entre vosotros será vuestro servidor."

Mateo 20:26

Reflexiona

¿Qué significa para ti el principio de que la verdadera grandeza en el reino de Dios se encuentra en el servicio?

¿Cómo puedes demostrar grandeza en tu entorno, ya sea en tu hogar, trabajo o iglesia, a través del servicio en lugar de buscar reconocimiento?

¿De qué manera podrías redirigir tu enfoque en alguna actividad que realizas, para servir a los demás en lugar de buscar el éxito personal?

¿Cómo podrías estructurar tu tiempo o tus prioridades esta semana para hacer del servicio otros una parte central de tu vida?

¿Qué tipo de impacto crees que tiene el servicio desinteresado en tu familia o comunidad, y cómo puedes liderar con este ejemplo?

Acción

Ofrece tu ayuda voluntaria en algún área de necesidad, ya sea en tu iglesia, comunidad o entre conocidos. Hazlo con un corazón dispuesto, sin esperar reconocimiento.

Moisés fue un líder con un verdadero corazón de siervo. A lo largo de su vida, dedicó cada día a servir al pueblo de Israel, enfrentando rebeliones y quejas, pero siempre guiándolos con amor y paciencia. Aunque pudo haber disfrutado de una vida cómoda en el palacio de Faraón, eligió sacrificarse por el bienestar de su pueblo y servir a Dios y a los demás. Incluso cuando el pueblo falló, intercedió ante Dios por ellos, a pidiendo misericordia (Éxodo 32:11-14). Moisés nunca buscó poder ni reconocimiento personal; su vida estuvo marcada por sacrificio y servicio desinteresado. Dios sigue buscando en los hombres hoy ese corazón de siervo. Como guerreros espirituales, debemos seguir su ejemplo, comprendiendo que la tus verdadera grandeza proviene del servicio genuino y amoroso hacia los demás.

Paso CINCO
MANTÉN LA HUMILDAD ANTE DIOS

La verdadera humildad del hombre de Dios comienza reconociendo la grandeza del Creador y nuestra total dependencia de Él. Cuando entendemos que todo lo que somos y tenemos proviene de Su mano, aprendemos a someternos a Su voluntad, confiando plenamente en que Su plan es el mejor para nuestras vidas, incluso cuando no lo entendemos del todo. Mantener esta humildad ante Dios nos recuerda que, sin Su gracia y dirección, no podemos lograr nada significativo. Al depender de Su sabiduría, más que de nuestra propia fuerza o entendimiento, nos liberamos del orgullo y la autosuficiencia. Este tipo de humildad nos impulsa a buscar siempre Su guía en todas nuestras decisiones, sabiendo que Su dirección es perfecta y que solo a través de Él encontramos verdadera fortaleza y propósito.

"Humillaos, pues, bajo la poderosa mano de Dios, para que Él os exalte cuando fuere tiempo."

1 Pedro 5:6

Reflexiona

¿Qué significa para ti "humillarte bajo la poderosa mano de Dios" en los momentos de desafío o éxito?

¿Cómo te ha recordado Dios en tu vida que Su plan es siempre mejor que el tuyo, incluso cuando no lo entiendes por completo?

¿Cuándo te has apoyado en tus propios méritos en lugar de confiar en Dios, y cómo podrías haber actuado de otra manera?

¿Qué áreas de tu vida todavía intentas controlar por ti mismo y te cuesta entregar en manos de Dios?

¿Cómo podrías hacer de la oración una herramienta más constante para buscar la sabiduría y la guía de Dios, en lugar de apoyarte en tu propia fuerza o comprensión?

Acción

Dedica tiempo diario para orar por humildad, pidiendo a Dios que te enseñe a confiar más en Su dirección y menos en tu propia sabiduría.

Moisés demostró una profunda humildad y dependencia de Dios a lo largo de su vida, especialmente en los momentos de mayor dificultad. Repetidamente se postraba en oración, consciente de que, sin la guía y fortaleza divinas, no podría liderar al pueblo de Israel. Un ejemplo de esta humildad se observa cuando intercedió por el pueblo en el desierto, pidiendo a Dios que los perdonara en lugar de destruirlos por su rebelión (Números 14:13-19). Moisés entendía que no era por sus propios méritos o sabiduría que superaría los desafíos, sino únicamente por la dirección de Dios. Esta humildad es esencial para el hombre que busca ser un guerrero espiritual. La verdadera grandeza radica en someternos a Su voluntad, confiando en que Su plan es perfecto, aunque no comprendamos cada paso.

RECUERDA

Durante esta etapa, hemos aprendido que la humildad es la fuerza esencial del verdadero guerrero espiritual. Un corazón guerrero no persigue el reconocimiento ni busca grandeza personal; en cambio, se dedica al servicio de los demás, reflejando el ejemplo de Jesús. Al caminar con humildad, recuerda que este no es un camino que se completa en un solo día, sino una práctica constante que proviene de un corazón transformado por Dios. La humildad y el servicio deben ser un estilo de vida, no actos aislados.

Cada paso te permite descubrir con mayor claridad el propósito de Dios y te ayuda a construir relaciones profundas y sanas, fundamentadas en respeto y amor. El guerrero espiritual no cede al orgullo ni al deseo de poder; en su lugar, espera en Dios, sometiéndose a Su voluntad. En esa espera, Dios fortalece el corazón para liderar y servir con humildad y amor.

La humildad fortalece al guerrero espiritual, que, inspirado por Jesús, sirve sin buscar reconocimiento y sigue el plan perfecto de Dios con respeto y amor.

RETO DEL GUERRERO

Desarrollar una vida de humildad y servicio es un compromiso diario que demanda constancia y dedicación. Cada paso hacia este ideal, cada acto de servicio desinteresado, te acerca a reflejar mejor el carácter de Cristo. La humildad no es una debilidad, sino una fortaleza guiada por el amor verdadero. A lo largo de esta etapa, te desafío a poner en práctica lo aprendido. No se trata de actos visibles, sino de un corazón que ve a los demás como superiores y que sirve sin esperar recompensa. Ora diariamente, pidiendo a Dios que te dé una actitud humilde, especialmente en esos momentos donde el beneficio propio se vuelve tentador. Reconoce que, en el reino de Dios, la grandeza no está en el poder ni en el reconocimiento, sino en el servicio. Encuentra oportunidades, tanto grandes como pequeñas, para servir con amor, recordando que un verdadero guerrero de Dios se define por su disposición a servir.

"El mayor entre vosotros será vuestro servidor. Porque el que se enaltece será humillado, y el que se humilla será enaltecido."

Mateo 23:11-12

Tercera Etapa

Amor sacrificial

La marca de un guerrero comprometido

El **amor sacrificial** es poner las necesidades y el bienestar de los demás por encima de uno mismo, tal como Cristo lo hizo al entregar Su vida por nosotros. Este tipo de amor no busca el beneficio personal, sino el bienestar de los demás, sin esperar nada a cambio. El hombre conforme al corazón de Dios vive este amor, especialmente en el matrimonio, la paternidad y todas las relaciones importantes, siguiendo el ejemplo de Cristo en su entrega total.

En una sociedad que a menudo promueve las relaciones transaccionales y utilitarias, el llamado de Dios a amar de manera sacrificial es contracultural. Este estudio te ayudará a reflexionar sobre cómo puedes aplicar el amor sacrificial de Cristo en tu vida diaria, especialmente en el contexto de tus relaciones más cercanas.

El amor sacrificial es priorizar el bienestar de los demás, siguiendo el ejemplo de Cristo, sin esperar nada a cambio y viviendo en entrega total en todas nuestras relaciones.

Oaseas

Oseas es un ejemplo profundo de amor sacrificial y compromiso incondicional. Su vida refleja el corazón de Dios hacia un pueblo infiel y nos muestra el amor que va más allá de las circunstancias y del dolor personal. Dios le pide a Oseas que tome como esposa a Gómer, quien le sería infiel repetidamente (Oseas 1:2-3). Sin embargo, él la ama y la recibe una y otra vez, pagando incluso un precio para redimirla (Oseas 3:1-2). La historia de Oseas simboliza la relación de Dios con Su pueblo, mostrándonos que el amor verdadero no es condicional ni exige recompensa, sino que busca la restauración y el bienestar del otro. Como guerreros espirituales, estamos llamados a amar con esta misma entrega y fidelidad, reflejando la paciencia y la misericordia que Dios extiende hacia nosotros.

Textos Clave para una Vida de Amor Sacrificial:
- ✓ **Efesios 5:25**
- ✓ **Juan 15:13**
- ✓ **1 Corintios 13:4**
- ✓ **1 Corintios 16:14**
- ✓ **Lucas 6:38**

El obetivo de esta tercera etapa es inspirar al guerrero a reflejar el amor sacrificial de Cristo en sus relaciones, poniendo las necesidades de los demás por encima de las propias. Este amor, sin condiciones ni expectativas de reciprocidad, marca a un guerrero comprometido con la transformación y edificación de su familia y comunidad.

Paso UNO
REFLEXIONA SOBRE EL AMOR DE CRISTO

El amor sacrificial de Cristo es el mayor ejemplo de entrega incondicional y generosidad que podemos encontrar. Su amor por la iglesia fue tan profundo que entregó Su propia vida para salvarnos. Este tipo de amor no busca su propio beneficio, sino el bienestar de los demás. Amar como Cristo amó implica poner a otros por encima de nuestras propias necesidades y deseos, algo que muchas veces es un desafío. Este paso te invita a reflexionar sobre cómo puedes demostrar un amor más profundo y comprometido en tus relaciones, basándote en el modelo de Cristo.

"Maridos, amad a vuestras mujeres, así como Cristo amó a la iglesia y se entregó a sí mismo por ella."

Efesios 5:25

Reflexiona

¿Qué significa para ti entregarte sin esperar nada a cambio?

¿A quién podrías mostrarle más amor generoso y comprometido?

¿Cómo podrías ajustar tus prioridades para reflejar el amor de Cristo?

¿Qué podrías hacer esta semana para priorizar las necesidades de un ser querido?

¿Cómo cambiarían tus relaciones si aplicas más amor sacrificial cada día?

Acción

Piensa en una relación importante para ti. ¿De qué manera puedes demostrar un amor más sacrificial esta semana? Haz un plan concreto para actuar en esa relación con más generosidad y entrega.

Oseas nos muestra el amor incondicional de Dios al amar a Gómer, quien le fue infiel en numerosas ocasiones (Oseas 3:1). A pesar de su traición, Dios instruye a Oseas a continuar amándola, reflejando el amor divino que no depende de la respuesta del otro. Este acto de obediencia muestra cómo el amor de un verdadero guerrero espiritual no se basa en las acciones de la otra persona, sino en un compromiso fiel. Al amar a Gómer, Oseas encarna el sacrificio y la entrega, demostrando que el amor de Dios persiste sin condiciones. Su vida nos invita a amar de esta manera en nuestras relaciones, poniendo el bienestar del otro por encima del propio.

Paso DOS
SIGUE EL EJEMPLO DE CRISTO EN LA FAMILIA

El sacrificio de Cristo no se limitó solo a palabras, sino que fue un acto tangible de amor que culminó en la cruz. Este mismo principio de entrega y sacrificio es el que se nos invita a reflejar en nuestras relaciones familiares. Amar a los demás como Cristo nos amó significa estar dispuestos a dejar de lado nuestra comodidad, tiempo y energía en beneficio de nuestros seres queridos, mostrando un amor auténtico que no espera recibir algo a cambio. Este amor sacrificial nos reta a enfocarnos en el bienestar de los demás, incluso cuando no es conveniente. En este paso, descubrirás cómo aplicar el ejemplo de Cristo en tu familia, desarrollando una relación basada en el servicio desinteresado, la paciencia y la entrega continua, sin buscar recompensas o reconocimiento.

"Nadie tiene mayor amor que este, que uno ponga su vida por sus amigos."

Juan 15:13

Reflexiona

¿Cómo puedes reorganizar tu tiempo para beneficiar a tu familia esta semana?

¿Qué en tu rutina diaria podría convertirse en un acto de sacrificio para tus seres queridos?

En su obediencia, Oseas forma una familia con Gómer, una mujer que no comparte su fidelidad (Oseas 1:2-3). Esta decisión no solo desafía su orgullo, sino que refleja la disposición de Dios a abrazar y perdonar. Oseas podría haber tenido una vida más fácil sin este llamado, pero eligió la obediencia y el sacrificio. Esto enseña que, en nuestras familias, el amor sacrificial implica permanecer comprometidos incluso cuando surgen dificultades y desilusiones. Así como Oseas aceptó este desafío por amor a Dios, nosotros también debemos esforzarnos por fortalecer nuestras familias, mostrando paciencia y entrega en momentos de tensión.

¿Cómo puedes atender las necesidades emocionales de un familiar sin esperar nada a cambio?

¿Qué gesto de servicio podrías ofrecer en casa para mostrar amor incondicional?

¿Cómo puedes aplicar el principio de "poner tu vida" por los demás en acciones diarias?

Acción

Elige una acción específica que puedas realizar esta semana que demuestre tu compromiso de amor sacrificial en tu familia. Puede ser un acto de servicio, una muestra de paciencia o dar tu tiempo en algo que beneficie a tu cónyuge o hijos.

Paso TRES
ROMPE EL CICLO DE LAS EXPECTATIVAS UTILITARIAS

A menudo, nuestras relaciones están influenciadas por la expectativa de recibir algo a cambio de lo que damos. Sin embargo, el amor verdadero, modelado por Cristo, es desinteresado y no depende de la reciprocidad. Este amor es paciente y bondadoso, y se enfoca en el bienestar de los demás sin esperar nada en retorno. Es una elección consciente de amar, incluso cuando la otra persona no puede corresponder de la misma manera. Este paso te invita a examinar cómo puedes ofrecer un amor sin expectativas, priorizando las necesidades y el bienestar de los demás sobre tus propios deseos. Al cultivar esta clase de amor, transformamos nuestras relaciones, reflejando la naturaleza del amor de Cristo: un amor comprometido, que actúa en favor de otros sin esperar recompensas ni reconocimiento.

"El amor es paciente, es bondadoso. El amor no es envidioso ni jactancioso, ni orgulloso."

1 Corintios 13:4

Reflexiona

¿Cómo podrías mostrar amor hoy sin esperar reconocimiento o gratitud en una relación cercana?

¿Qué podrías adoptar para cultivar paciencia y bondad en tus interacciones cotidianas?

¿Cuándo fue la última vez que ofreciste tu ayuda sin pensar en recibir nada a cambio? ¿Cómo impactó esa experiencia en ti?

¿Cómo podrías valorar más el bienestar de quienes amas sin enfocarte en lo que te ofrecen?

¿De qué maneras puedes eliminando las expectativas y poniendo el bienestar de los demás primero?

Acción

Realiza un acto de amor desinteresado hacia alguien sin esperar nada a cambio. Puede ser una persona en tu familia, tu trabajo o comunidad. Reflexiona sobre cómo este acto impacta tu forma de pensar sobre el amor.

Al renovar su compromiso con Gómer sin esperar una respuesta ideal de su parte, Oseas demuestra un amor que no depende de la reciprocidad (Oseas 2:19-20). Al igual que Dios, quien se compromete con Israel a pesar de sus faltas, Oseas rompe el ciclo de un amor basado en recompensas. Su amor es un ejemplo de cómo Dios espera que amemos a los demás, sin esperar siempre algo a cambio. Esta lección es un reto para amar en la vida diaria, eliminando las expectativas utilitarias que pueden llevarnos al desánimo. Al hacerlo, reflejamos un amor desinteresado y profundo, comprometido con el bienestar de los demás.

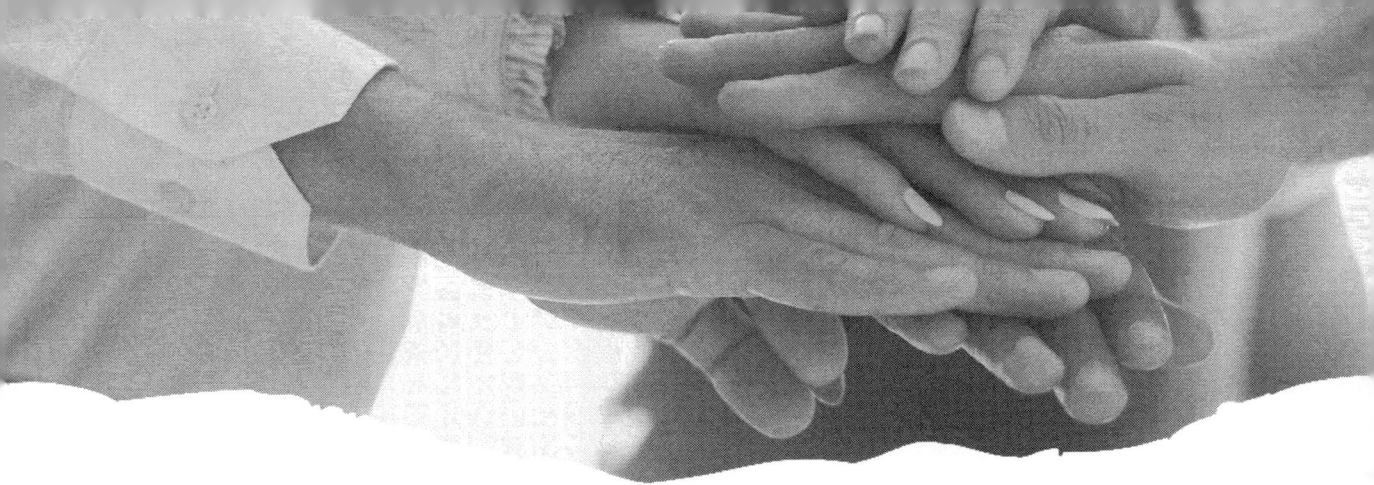

Paso CUATRO
DESARROLLA UN AMOR COMPROMETIDO

El amor comprometido se muestra no solo en momentos especiales, sino en cada aspecto de nuestra vida diaria. Este tipo de amor va más allá de actos ocasionales o momentos convenientes; requiere un compromiso constante y la decisión diaria de actuar con amor en todas nuestras interacciones. Este paso nos desafía a integrar el amor en cada actividad cotidiana, desde las tareas más significativas hasta las más pequeñas, para que el amor de Cristo se refleje en cada área de nuestra vida. Practicar este amor comprometido nos ayuda a vivir de manera coherente con los valores del evangelio, mostrando un amor sacrificial y genuino en cada momento, lo cual fortalece nuestras relaciones y transforma nuestro entorno.

"Hacedlo todo con amor."

1 Corintios 16:14

Reflexiona

¿Cómo podrías mostrar amor constante en tus interacciones diarias?

¿De qué manera puedes transformar una tarea rutinaria en una expresión de amor?

¿Qué pasos concretos te ayudarán a reflejar el amor en todo momento?

¿En qué áreas necesitas esforzarte para amar sin depender del momento?

¿Cómo puedes fortalecer tu compromiso de amar en situaciones difíciles?

Acción

Anota tres áreas específicas en tu vida donde puedes comprometerte a practicar el amor sacrificial. Haz un plan para trabajar en ellas durante la próxima semana, y al final de cada día, reflexiona sobre cómo te fue.

La compra de Gómer de vuelta, pagando un precio para redimirla, simboliza el amor comprometido de Oseas, quien no abandona a su esposa a pesar de su infidelidad (Oseas 3:2-3). Este acto de redención es un reflejo directo del amor de Dios, que busca a su pueblo incluso cuando se desvía. En este paso, Oseas nos muestra que el amor verdadero no se rinde ante las dificultades. Él toma decisiones conscientes para restaurar la relación, lo que nos enseña a desarrollar un amor que no se desanima fácilmente, sino que permanece fiel incluso cuando se presentan problemas y desafíos.

Paso CINCO
Ama con generosidad y gratitud

El amor generoso no mide lo que da, sino que fluye libremente, sin restricciones ni condiciones. La generosidad en el amor nos lleva a dar de nosotros mismos, no solo en términos materiales, sino también en tiempo, atención y cuidado, sabiendo que nuestras acciones tienen un impacto profundo en quienes nos rodean. La gratitud también juega un papel crucial en el amor sacrificial, ya que nos ayuda a apreciar las oportunidades que tenemos para amar y servir a los demás. Este paso te invita a practicar un amor generoso, agradeciendo a Dios por cada oportunidad que tienes de reflejar Su amor.

"Dad, y se os dará; medida buena, apretada, remecida y rebosando darán en vuestro regazo; porque con la misma medida con que medís, os volverán a medir."
Lucas 6:38

Reflexiona

¿Cómo puedes ser generoso hoy sin esperar nada a cambio?

¿Qué actitudes muestran gratitud en tu servicio?

¿A quién puedes dedicarle tiempo esta semana como un acto de amor?

¿Cómo puedes reflejar el amor de Dios en tus relaciones diarias?

¿Qué ajustes podrías hacer para servir con generosidad constante?

Acción

Esta semana, practica el amor generoso hacia alguien que normalmente no está en tu círculo más cercano. Demuestra gratitud por la oportunidad de amar y servir sin esperar recompensas.

Oseas sigue amando a Gómer con generosidad, a pesar de la rebelión y la falta de compromiso de ella (Oseas 14:4). Él demuestra un amor que se da sin límites, inspirado en la gracia de Dios. Este amor generoso nos recuerda que el servicio y la entrega no deben estar sujetos a la gratitud o el reconocimiento que recibimos a cambio. Oseas nos enseña a amar a quienes nos rodean con un corazón generoso y agradecido por la oportunidad de servir. En nuestras relaciones, debemos buscar el bienestar de los demás, reconociendo que nuestra fuerza proviene de Dios y que el amor sacrificial transforma tanto nuestras vidas como las de los demás.

RECUERDA

El amor sacrificial define a un guerrero espiritual comprometido, llamándolo a reflejar el amor de Cristo en cada relación, priorizando las necesidades de otros sobre las propias. Este amor, sin condiciones ni expectativas de reciprocidad, transforma vidas y comunidades, siendo el fundamento de una verdadera relación de servicio y entrega. A lo largo de esta etapa, hemos estudiado cómo el amor sacrificial se manifiesta en diferentes aspectos, siguiendo el ejemplo de Cristo, quien entregó Su vida sin esperar nada a cambio. Oseas es un ejemplo claro de este amor al mantenerse fiel a Gómer, amándola y redimiéndola a pesar de su infidelidad. Nos muestra que el amor genuino no se rinde y no se condiciona a la reciprocidad; persiste en los momentos difíciles, guiado por la gracia de Dios. Amar sacrificialmente no es sencillo, y en una cultura que valora las relaciones transaccionales, este tipo de amor se vuelve contracultural y desafiante, pero es el camino hacia una vida de verdadero impacto y transformación.

El amor sacrificial de un guerrero espiritual refleja a Cristo en cada relación, transformando vidas al priorizar a otros sin condiciones ni expectativas de reciprocidad.

RETO DEL GUERRERO

El amor sacrificial, como el de Cristo, es el llamado más alto para nuestras relaciones. A lo largo de este estudio, has reflexionado sobre cómo puedes practicar un amor que no busca lo propio, sino el bienestar de los demás. Ahora, te desafío a aplicar lo que has aprendido en tu vida diaria, confiando en que Dios te dará la fortaleza para amar como Cristo amó. Pídele a Dios que te ayude a desarrollar un corazón que ame de manera sacrificial, que refleje el amor de Cristo en todas tus relaciones. Ora por la sabiduría y el coraje necesarios para poner en práctica este tipo de amor, especialmente en los momentos más difíciles.

"Así que, amados, si Dios nos ha amado así, debemos también nosotros amarnos unos a otros."

1 Juan 4:11

Cuarta Etapa

Fortaleza Espiritual
El escudo inquebrantable

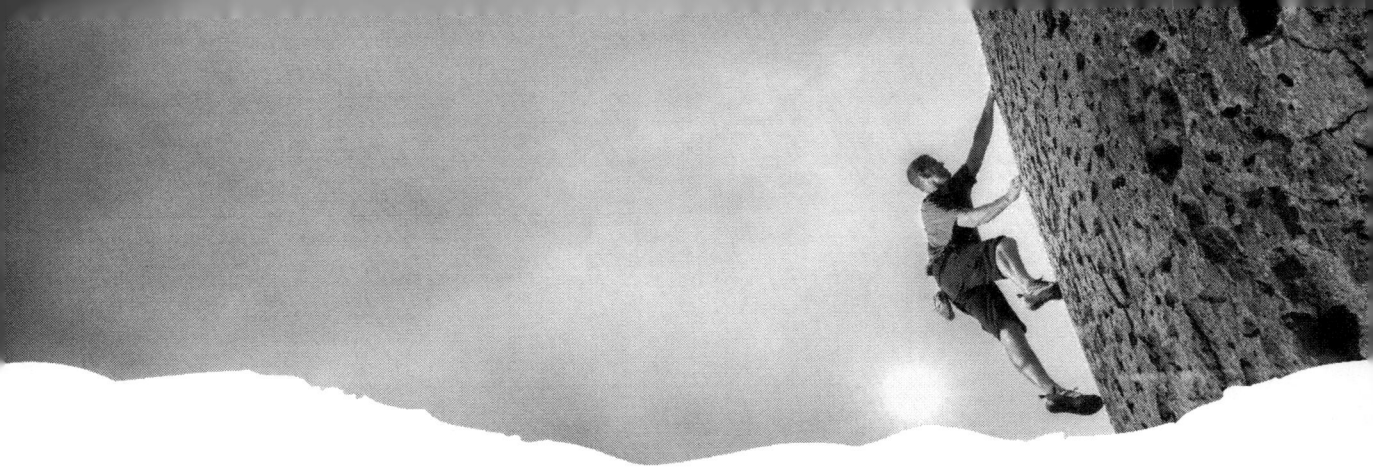

La **fortaleza espiritual** es la capacidad de mantenerse firme en la fe, confiando en Dios incluso en medio de las pruebas y adversidades. El hombre con un corazón guerro para Dios, no depende de sus propias fuerzas, sino que encuentra su poder y confianza en Dios. Esta fortaleza no solo es un soporte en tiempos de crisis, sino que también es una fuente de estabilidad emocional y mental que le permite al hombre de Dios sobrellevar el estrés, la ansiedad y la incertidumbre de la vida diaria.

En la vida, las pruebas y adversidades son inevitables. Sin embargo, Dios nos llama a ser fuertes y valientes, confiando en Su presencia y dirección. Este estudio te ayudará a reflexionar sobre cómo puedes desarrollar una fortaleza espiritual que te sostenga en los momentos más difíciles, basándote en la promesa de que Dios está contigo dondequiera que vayas.

La fortaleza espiritual nos permite confiar plenamente en Dios en medio de pruebas, hallando paz y estabilidad en Su presencia constante.

Daniel

Daniel es un ejemplo sobresaliente de fortaleza espiritual y confianza inquebrantable en Dios, especialmente en tiempos de adversidad. Su vida muestra cómo depender de Dios en todas las circunstancias, aun cuando las presiones externas intentan desviarlo de su fe. Desde joven, se comprometió a no contaminarse con la comida del rey, eligiendo la fidelidad a Dios sobre la comodidad personal (Daniel 1:8-16). Su vida de oración constante, incluso cuando fue prohibido, refleja una disciplina espiritual profunda y una fuente de fortaleza que solo Dios puede proporcionar (Daniel 6:10). La paz de Dios lo sostuvo en el foso de los leones, confiando plenamente en la protección divina en medio del peligro (Daniel 6:22-23). Como guerreros espirituales, estamos llamados a desarrollar una fe resiliente y una fortaleza que dependa de Dios, siguiendo el ejemplo de Daniel en todas nuestras pruebas y desafíos.

Textos Clave para una Vida de Fortaleza Espiritual:

- **Salmos 34:17**
- **Isaías 40:31**
- **Filipenses 4:13**
- **Filipenses 4:7**
- **Mateo 5:10**

El objetivo de esta cuarta etapa es **Fortalecer al guerrero espiritual para enfrentar las pruebas con confianza en Dios, sabiendo que su poder y promesas son su mayor refugio. La fortaleza espiritual no depende de las propias fuerzas, sino de la confianza en que Dios está presente en cada desafío, guiando y sosteniendo al guerrero.**

Paso UNO
ENCUENTRA FORTALEZA EN LA ORACIÓN

La oración es el canal que nos conecta directamente con Dios, nuestra fuente de fortaleza. A través de la oración, entregamos nuestras preocupaciones y temores a Aquel que puede sostenernos en medio de las pruebas. Nos dirigimos a el como a un amigo de total confianza y le abrimos nuestros conrazones. Este paso nos recuerda que Dios siempre escucha el clamor de Sus hijos y responde en Su tiempo perfecto. Cuando nos sentimos abrumados o agotados, la oración nos permite descargar nuestras angustias ante el Señor y recibir Su paz y fortaleza. Este paso te anima a reflexionar sobre la importancia de la oración constante en tu vida, especialmente en tiempos de dificultad.

"Claman los justos, y Jehová oye, y los libra de todas sus angustias."

Salmos 34:17

Reflexiona

¿Cómo podrías fortalecer tu relación con Dios a través de una oración más constante sincera?

¿Qué momentos recientes de estrés te han llevado a buscar la paz y fortaleza de Dios en oración?

¿Cómo te ayuda saber que Dios escucha y responde a las oraciones en Su tiempo perfecto?

¿Qué preocupaciones específicas necesitas entregar a Dios para recibir Su paz y fortaleza?

¿De qué forma podría la oración diaria prepararte mejor para enfrentar las dificultades con confianza en Dios?

Acción

Dedica un tiempo específico cada día esta semana para orar por fortaleza espiritual. Enfócate en entregarle a Dios tus preocupaciones y confiar en Su promesa de liberarte de la angustia.

y

Encuentra fortaleza en la oración

Cuando se decretó que cualquier persona que orara a alguien fuera del rey sería lanzada al foso de los leones, Daniel no cambió su práctica diaria de oración (Daniel 6:10-23). Consciente del peligro, fue a su habitación, abrió las ventanas hacia Jerusalén y oró, sabiendo que la oración era su mayor fuente de fortaleza. Daniel mostró cómo un hombre de Dios confía más en el poder de la oración que en las amenazas externas. Su fe inquebrantable en Dios le permitió encontrar paz y seguridad, incluso en el riesgo de perder su vida. Este acto nos enseña que la oración es el primer refugio de un hombre que busca fortaleza espiritual; al depender de Dios, se forja el carácter y se demuestra que el valor no proviene de la fuerza física, sino de una conexión sólida con Dios.

Paso DOS
RECUERDA LAS PROMESAS DE DIOS

Las promesas de Dios son un ancla firme que sostiene nuestra fe en tiempos de incertidumbre y adversidad. Cuando esperamos pacientemente en el Señor, Él nos renueva y fortalece, permitiéndonos continuar sin desmayar. Aunque nuestras propias fuerzas se agoten, Dios es fiel y siempre cumple lo que ha prometido a Sus hijos. Su poder se convierte en nuestra fuerza, dándonos el impulso necesario para superar cualquier obstáculo. Este paso nos desafía a recordar cada promesa y aferrarnos a ellas con determinación, confiando plenamente en que, aun cuando las dificultades parezcan insuperables, Dios es nuestro apoyo inquebrantable.

"Pero los que esperan a Jehová tendrán nuevas fuerzas; levantarán alas como las águilas; correrán, y no se cansarán; caminarán, y no se fatigarán."

Isaías 40:31

Reflexiona

¿Cómo encuentras fortaleza al recordar que Dios siempre cumple Sus promesas, incluso en tiempos de incertidumbre?

¿Qué promesa de Dios resuena contigo en este momento y te anima a seguir adelante?

¿Cómo ha sostenido la fidelidad de Dios tus fuerzas en el pasado cuando te sentías debilitado?

¿Cuál promesa específica de la Biblia meditas esta semana para fortalecer tu fe?

¿Cómo cambia tu perspectiva en las pruebas al mantener presente que Dios renovará tus fuerzas?

Acción

Elige una promesa de Dios que sea significativa para ti y medítala cada mañana esta semana. Anota cómo esta promesa influye en tu actitud y en tu manera de enfrentar los desafíos diarios.

Recuerda las promesas de Dios

Cuando el rey Nabucodonosor demandó la interpretación de su sueño, Daniel y sus amigos buscaron la misericordia de Dios y recordaron Su fidelidad y poder (Daniel 2:19-23). A través de la oración, Dios les reveló el misterio, y Daniel respondió con una oración de gratitud, reconociendo que el Señor es quien da la sabiduría y la fuerza. Esta dependencia total en las promesas y fidelidad de Dios muestra que Daniel no confiaba en sus propios méritos o habilidades, sino en el poder y la promesa de que Dios está con los que le buscan. Al recordar que Dios siempre ha sido fiel, Daniel fortaleció su confianza y valentía, enfrentando con firmeza el desafío de interpretar el sueño. Este acto de fe nos enseña que cuando recordamos las promesas de Dios, encontramos fortaleza para enfrentar situaciones difíciles con seguridad en Su apoyo.

Paso TRES
DESARROLLA RESILIENCIA ESPIRITUAL

La resiliencia espiritual es la capacidad de seguir adelante con fe y esperanza, incluso en medio de la adversidad. O mas aun cuando las cosas nos salen como lo deseabas. No se trata de nuestra fuerza interior, sino de la fortaleza que encontramos en Cristo. Cuando dependemos de Su poder en lugar de nuestras propias habilidades, podemos enfrentar cualquier desafío con la confianza de que Él nos dará lo necesario para superarlo. Te invito a desarrollar una resiliencia espiritual que te permita enfrentar los obstáculos con una actitud positiva y confiar en que Cristo te fortalecerá en cada batalla.

"Todo lo puedo en Cristo que me fortalece."

Filipenses 4:13

Reflexiona

¿Cómo mantener la fe en momentos difíciles?

¿Qué harías para depender más de la fortaleza de Cristo?

¿Cómo recordar que Cristo es tu fuerza cuando te sientes limitado?

¿Qué pasos tomarías para enfrentar desafíos confiando en Cristo?

¿Cómo cultivar una resiliencia que refleje tu fe en Cristo?

Acción

Comprométete a enfrentar un desafío particular con una actitud de resiliencia espiritual. Cada vez que enfrentes este desafío, declara en oración que Cristo es tu fortaleza y confía en Su poder para superar el obstáculo.

Desarrolla resiliencia espiritual

Desde su llegada a Babilonia, Daniel y sus amigos decidieron no contaminarse con los alimentos del rey, manteniendo sus convicciones y estándares espirituales (Daniel 1:8-16). Su decisión, aparentemente pequeña, muestra una resiliencia espiritual que se convierte en la base para enfrentar futuros desafíos mayores. Este incidente refleja cómo la resiliencia empieza en las pequeñas decisiones y crece con cada acto de obediencia a Dios. Al permanecer fiel en algo tan básico como la dieta, Daniel fortaleció su espíritu, preparándose para pruebas aún más grandes. Este compromiso nos enseña que los hombres de Dios desarrollan resiliencia al permanecer firmes en sus convicciones, construyendo una base espiritual que sostiene su vida. La fidelidad en las pequeñas pruebas nos capacita para enfrentar desafíos mayores con confianza.

Paso CUATRO
MANTÉN LA PAZ EN MEDIO DE LAS PRUEBAS

En medio de las pruebas, es fácil perder la paz y ser consumidos por el estrés o la ansiedad. Sin embargo, la paz de Dios no depende de las circunstancias; sobrepasa todo entendimiento humano. Esta paz es un don divino que guarda nuestro corazón y nuestra mente cuando nos enfocamos en Cristo, incluso en medio del caos.

Enfrentar oposición en la vida espiritual requiere una fe sólida y una firmeza que no se tambalee ante las presiones externas. Perseverar en la fe, especialmente cuando las circunstancias son adversas, es el distintivo de un guerrero espiritual. La oposición puede tomar muchas formas: presiones sociales, críticas, tentaciones de renunciar a los valores o incluso pruebas de fe. Sin embargo, una fe perseverante se nutre en la confianza de que Dios está presente en cada desafío.

> "La paz de Dios, que sobrepasa todo entendimiento, guardará vuestros corazones y vuestros pensamientos en Cristo Jesús."
>
> **Filipenses 4:7**

Reflexiona

¿Cómo mantener la paz de Dios en tiempos de caos?

¿Qué harías para enfocar tu mente en Cristo en medio de la ansiedad?

¿Cómo puedes recordar que la paz de Dios no depende de las circunstancias?

¿Qué prácticas diarias te ayudan a confiar en que Dios tiene el control?

¿Cómo enfocar tus pensamientos en Cristo cuando surge el estrés?

Acción

Esta semana, cuando enfrentes situaciones de estrés o ansiedad, dedica un momento para orar y pedir la paz de Dios. Confía en que Su paz guardará tu mente y corazón, y escribe cómo cambia tu perspectiva en esas situaciones.

Mantén la paz en medio de las pruebas

Durante la fiesta de Belsasar, donde una misteriosa mano escribió en la pared, todos en el palacio quedaron aterrorizados, pero Daniel se mantuvo en calma y firme (Daniel 5:13-31). Al interpretar el mensaje, no mostró temor, sino confianza en que Dios estaba en control, incluso cuando el mensaje anunciaba el fin del reino de Belsasar. Daniel ejemplificó cómo un hombre de fe puede mantener la paz en medio del caos. Su tranquilidad no provenía de la situación, sino de su fe en Dios, quien gobierna sobre todas las cosas. Este episodio muestra que, al confiar en Dios, podemos enfrentar momentos críticos con una paz interior que impacta a quienes nos rodean. Daniel nos enseña que mantener la calma y la fe en situaciones difíciles es una prueba de fortaleza espiritual.

Paso CINCO
PERSEVERA EN LA FE ANTE LA OPOSICIÓN

Perseverar en la fe ante la oposición es una muestra de valentía y fortaleza que define al hombre comprometido con Dios. Mantenerse firme en medio de pruebas y críticas implica una convicción profunda y una decisión consciente de defender los principios sin ceder, aun cuando los demás lo cuestionen o presionen. La confianza en Dios se convierte en una base inquebrantable que guía cada paso y fortalece en los momentos de mayor presión. Ser valiente ante la adversidad requiere preparación, una disposición activa a enfrentar retos sin abandonar el compromiso espiritual. Cuando otros intentan desviarte, es precisamente esa firmeza de propósito el lo que te permite

"Bienaventurados los que padecen persecución por causa de la justicia, porque de ellos es el reino de los cielos."

Mateo 5:10

continuar fielmente, recordando que el reino de los cielos es la recompensa para quienes soportan. por la angustia.

Reflexiona

¿Cómo puedes mantener tu fe firme cuando enfrentas oposición?

¿Qué convicciones estás dispuesto a defender sin ceder?

¿Cómo puedes prepararte para ser valiente en momentos de presión?

¿Qué papel juega la confianza en Dios en tus decisiones difíciles?

¿Cómo fortaleces tu compromiso con Dios cuando otros te presionan a renunciar?

Acción

Ora y comprométete a mantenerte firme en tus principios, recordando que el reino de Dios recompensa la perseverancia en la justicia.

Cuando los enemigos de Daniel conspiraron para que fuera lanzado al foso de los leones, él perseveró en su fe, sin ceder ante la presión de renunciar a sus convicciones (Daniel 6:4-23). La fidelidad de Daniel en su devoción a Dios, incluso cuando enfrentaba una sentencia de muerte, refleja una confianza inquebrantable. Él no permitió que el temor ni la presión social alteraran su compromiso con Dios. Este acto nos muestra que perseverar en la fe requiere valentía y una resolución firme de mantenerse fiel, incluso cuando la oposición es intensa. La historia de Daniel en el foso de los leones enseña que la fortaleza espiritual se manifiesta en momentos de prueba extrema, y Dios honra esa fe inquebrantable al rescatar y proteger a quienes perseveran en Él.

RECUERDA

Recuerda que perseverar en la fe frente a la oposición no es simplemente resistir; es asumir una postura activa y decidida que refleja la valentía y el carácter de un auténtico guerrero de Dios. Mantenerse firme en medio de la presión exige un compromiso profundo y una convicción inquebrantable, cualidades que no permiten ceder cuando otros intentan desviarte de tus principios. La confianza en Dios se convierte en una fuente constante de fortaleza, una base sólida que te sostiene y te da el valor para enfrentar cualquier adversidad. En cada desafío, tienes la oportunidad de renovar tu compromiso espiritual, de profundizar en tu relación con Él, y de recordar que tu fidelidad es vista y honrada por Dios. Cada momento de oposición refuerza tu lealtad, y al mantenerte firme, demuestras una fe que supera la presión. Nunca olvides que el reino de los cielos es la recompensa eterna prometida a quienes defienden la justicia y la verdad sin titubeos.

Fortaleza espiritual es confiar en Dios con valentía y perseverancia, enfrentando la oposición con firmeza y dependiendo de Su fuerza en cada desafío.

RETO DEL GUERRERO

La fortaleza espiritual no es algo que se construya de la noche a la mañana, sino que se desarrolla a lo largo del tiempo a medida que enfrentamos las adversidades con una fe firme en Dios. A lo largo de este estudio, has reflexionado sobre cómo puedes confiar más en Dios y menos en tus propias fuerzas para sobrellevar las pruebas. Ahora, te desafío a que apliques lo que has aprendido, confiando en que Dios te dará la fuerza necesaria para caminar con valor y paz, sabiendo que Él está siempre contigo. Ora para que Dios te dé una fortaleza espiritual sólida, capaz de soportar cualquier adversidad. Pídele que te enseñe a confiar plenamente en Su poder y Su presencia en tu vida diaria, y que te dé la paz que sobrepasa todo entendimiento en los momentos más difíciles.

"Manténganse alerta; permanezcan firmes en la fe; sean valientes y fuertes."

1 Corintios 16:13

QUINTA ETAPA

Autodisciplina

El control interno del guerrero

La **autodisciplina** es la capacidad de controlar los propios impulsos, deseos y emociones para alinearlos con los principios bíblicos. El hombre que busca agradar a Dios ejerce control sobre su cuerpo, mente y espíritu, negándose a ceder ante las tentaciones o presiones inmediatas, y en lugar de ello, persigue metas que reflejen el carácter de Cristo. En un mundo que promueve la gratificación instantánea, la autodisciplina es esencial para cultivar hábitos saludables, tanto espirituales como personales.

Vivimos en una era donde la gratificación inmediata es la norma, y muchos luchan por mantener el autocontrol. Sin embargo, Dios nos llama a vivir de manera diferente, a ejercer la autodisciplina en cada área de nuestra vida. Este estudio te ayudará a reflexionar sobre cómo desarrollar la autodisciplina y aplicarla de manera práctica en tu vida diaria.

> **La autodisciplina es el control de los impulsos, deseos y emociones para alinearlos con los principios bíblicos, permitiendo al guerrero vivir intencionalmente y con propósito.**

PABLO

Pablo es un modelo poderoso de autodisciplina y control espiritual. Como hombre de profundas convicciones, Pablo mantuvo un dominio excepcional sobre sus impulsos y emociones, dirigiéndolos hacia su misión de servir a Cristo sin reservas. Su vida fue una continua práctica de someter sus deseos personales y sus reacciones emocionales a la voluntad de Dios, aun cuando enfrentaba situaciones extremas de oposición, dolor y tentación. A través de pruebas intensas y desafíos constantes, Pablo ejerció un autocontrol que iba más allá de la fuerza de voluntad; él vivía y respiraba una disciplina que nacía de su dependencia de Dios. Pablo desarrolló el hábito de actuar intencionalmente en cada aspecto de su vida, desde su estilo de vida hasta sus reacciones en momentos de conflicto. En lugar de ceder a la gratificación o al desánimo, eligió una vida de enfoque y fidelidad absoluta a su llamado. Con sus acciones, enseñó que la autodisciplina es una herramienta para alcanzar una vida de excelencia espiritual, donde cada pensamiento, palabra y acto reflejan la entrega a Cristo. Pablo inspira a los hombres, de corazón guerrero a vivir con propósito.

El objetivo de esta etapa es proveer una guía al guerrero a desarrollar la autodisciplina necesaria para dominar sus impulsos, deseos y emociones, alineando su vida con los principios de la Palabra de Dios. La autodisciplina es el arma que permite al guerrero vivir de manera intencional, resistiendo la gratificación inmediata y buscando la excelencia espiritual.

Textos Clave para una Vida Autodisciplinada:
- ✓ 1 Corintios 9:27
- ✓ Proverbios 16:32
- ✓ 1 Corintios 10:23
- ✓ Santiago 1:8
- ✓ Filipenses 4:13

Paso UNO
REFLEXIONA SOBRE LA AUTODISCIPLINA BÍBLICA

La autodisciplina es un componente esencial en la vida cristiana. Pablo nos muestra que la vida espiritual requiere esfuerzo, control y una continua vigilancia sobre nuestras acciones y deseos. "Golpear el cuerpo y hacerlo esclavo" simboliza la necesidad de someter nuestros deseos y apetitos a la voluntad de Dios, en lugar de permitir que nos dominen. Esto es especialmente importante en el contexto de nuestra vida espiritual, donde la autodisciplina nos ayuda a mantenernos enfocados en el camino correcto, evitando desviarnos por distracciones o tentaciones. Este paso te invita a reflexionar sobre qué áreas de tu vida espiritual requieren más autodisciplina y cómo puedes empezar a trabajar en ellas.

"Sino que golpeo mi cuerpo y lo hago mi esclavo, no sea que habiendo predicado a otros, yo mismo sea descalificado."

1 Corintios 9:27

Reflexiona

¿Qué enseña "golpear el cuerpo y hacerlo esclavo" sobre la autodisciplina espiritual?

¿Por qué Pablo ve necesario someter el cuerpo para no ser "descalificado"?

¿Cómo interpretas el llamado de Pablo a controlar deseos y acciones?

¿Qué distracciones o tentaciones podrían apartarte de tus metas espirituales?

¿Qué acto de autodisciplina podrías practicar esta semana para reflejar a Cristo?

Acción

Identifica un área de tu vida donde la falta de autodisciplina esté afectando tu crecimiento espiritual. Reflexiona sobre pasos específicos que puedes tomar para ejercer mayor control en esa área.

En Éfeso, Pablo enfrentó una fuerte oposición de los artesanos, especialmente de un hombre llamado Demetrio, que fabricaba ídolos de la diosa Artemisa (Hechos 19:23-41). Los ingresos de Demetrio y otros artesanos dependían de la venta de estos ídolos, y la predicación de Pablo, que enseñaba sobre el Dios único, amenazaba su negocio. En lugar de confrontar directamente a quienes lo criticaban, **Pablo optó por controlar sus palabras y emociones, dedicándose a predicar y enseñar sin reaccionar ante la provocación.** Su autodisciplina fue evidente cuando, en medio de la tensión, evitó cualquier respuesta impulsiva que pudiera empeorar la situación. En cambio, Pablo se mantuvo enfocado en su misión, confiando en que Dios actuaría a través de su ejemplo y mensaje. Esta experiencia muestra la importancia de someter nuestras reacciones y responder de manera intencional y controlada, en lugar de dejarnos llevar por la presión de aquellos que se oponen a nuestros principios. Un verdadero guerrero espiritual refleja su autocontrol a través de sus acciones, especialmente cuando enfrenta retos que desafían su fe y misión.

Paso DOS
CONTROLA TUS IMPULSOS Y EMOCIONES

El control de nuestras emociones, especialmente en momentos de estrés o provocación, es una señal de verdadera fuerza interior. Este versículo nos enseña que ser lento para enojarse y tener dominio sobre nuestras emociones es más valioso que tener poder físico. En lugar de reaccionar impulsivamente, la autodisciplina nos permite responder con sabiduría y calma, lo que no solo beneficia nuestras relaciones, sino también nuestra paz interior. Este paso te anima a evaluar cómo manejas tus emociones y te desafía a buscar mayor control en situaciones difíciles.

"Mejor es el que tarda en airarse que el fuerte, y el que se enseñorea de su espíritu que el que toma una ciudad."

Proverbios 16:32

Reflexiona

¿Qué significa ser "lento para airarse" según este versículo?

¿Por qué considera la Biblia más fuerte a quien controla su espíritu que a quien conquista una ciudad?

¿Cómo interpretas la comparación entre fuerza física y control emocional en tu vida?

¿Qué situaciones suelen poner a prueba tu autocontrol y cómo puedes responder mejor?

¿Qué hábito podrías practicar esta semana para fortalecer tu control emocional y espiritual?

Acción

Enfrenta una situación de conflicto o estrés esta semana con calma y control emocional. Reflexiona después sobre cómo tu autodisciplina te ayudó a manejar mejor la situación.

Cuando Pablo fue llevado ante el Sanedrín y juzgado, experimentó una injusticia directa. Durante su defensa, el sumo sacerdote Ananías ordenó que lo golpearan en la boca, un acto humillante y doloroso (Hechos 23:1-5). En un primer momento, Pablo reaccionó diciendo: "Dios te golpeará a ti, pared blanqueada", pero cuando le señalaron que había respondido de esta forma al sumo sacerdote, rápidamente controló sus emociones y se disculpó. Esta reacción muestra la capacidad de Pablo para someter sus impulsos, incluso cuando estaba bajo provocación. Reconoció la importancia de controlar sus palabras y emociones, recordando su respeto por la autoridad y su testimonio como siervo de Dios. Pablo no permitió que el dolor y la humillación lo desestabilizaran, sino que, con autocontrol, aceptó su error y continuó con su defensa. Para el hombre que busca desarrollar un carácter fuerte y alineado con los principios bíblicos, esta experiencia subraya el valor de controlar los impulsos en momentos de presión. La autodisciplina nos permite responder con sabiduría, mostrando respeto y firmeza incluso en situaciones difíciles.

Paso TRES
DESARROLLA HÁBITOS SALUDABLES

A veces, lo que es permisible no siempre es lo mejor para nuestro bienestar espiritual o físico. Este versículo nos recuerda que, aunque algunas cosas puedan ser permitidas, no todas edifican nuestra vida ni nos acercan a Dios. Desarrollar hábitos saludables, tanto físicos como espirituales, es crucial para vivir una vida que glorifique a Dios. Este paso te invita a reflexionar sobre los hábitos que has desarrollado y si realmente están contribuyendo a tu crecimiento espiritual, y como estos están impactando tu crecimiento en todas las demás áreas de tu vida

.

"Todo me es lícito, pero no todo conviene; todo me es lícito, pero no todo edifica."

1 Corintios 10:23

Reflexiona

¿Qué significa para ti que algo sea "lícito" pero no necesariamente edificante?

¿Cómo distingue este versículo entre lo permisible y lo verdaderamente beneficioso?

¿Qué hábitos actuales identificas que podrían no estar edificando tu vida espiritual?

¿Cómo podrías reemplazar un hábito que no edifica con uno que fortalezca tu relación con Dios?

¿Qué pequeño cambio podrías hacer esta semana para acercarte a hábitos más saludables en cuerpo y espíritu?

Acción

Haz un inventario de tus hábitos actuales y elige uno que no esté edificando tu vida espiritual. Trabaja en cambiar ese hábito por uno saludable que te acerque más a Dios.

En la cárcel de Filipos, tras ser golpeado y encadenado junto a Silas, Pablo demostró cómo sus hábitos espirituales le proporcionaban fortaleza y paz interior (Hechos 16:25). En vez de sucumbir a la desesperanza o el dolor, Pablo y Silas comenzaron a orar y a cantar himnos en medio de la noche, creando una atmósfera de adoración en el lugar menos probable. Este hábito de alabanza y oración en tiempos de adversidad no surgió de la nada, sino de un estilo de vida disciplinado y comprometido con Dios. La práctica constante de mantener su espíritu enfocado en Dios le dio a Pablo la capacidad de sostenerse, incluso en la adversidad extrema. Esta experiencia desafía al hombre espiritual a desarrollar hábitos que lo fortalezcan, tanto en los días fáciles como en los difíciles. La autodisciplina en los hábitos espirituales permite a un guerrero estar preparado para cualquier circunstancia, cultivando una relación sólida con Dios que se manifiesta en paz y confianza en cada situación.

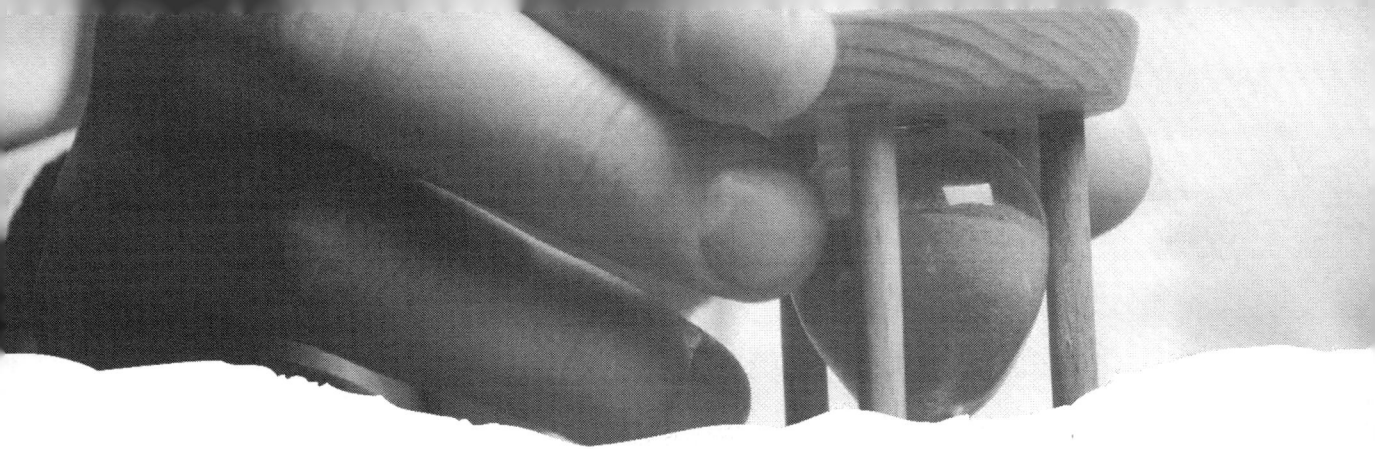

Paso CUATRO
PERSEVERA EN LA AUTODISCIPLINA

La constancia es fundamental para el desarrollo de la autodisciplina. Ser de "doble ánimo" significa ser inestable o indeciso, lo que puede llevar a la inconstancia en nuestros esfuerzos por vivir una vida disciplinada. La perseverancia en la autodisciplina nos permite evitar esta inestabilidad, ayudándonos a desarrollar un carácter firme y enfocado. Este paso te anima a identificar aquellas áreas donde la inconsistencia puede estar afectando tu autodisciplina y a tomar medidas para ser más constante.

"El hombre de doble ánimo es inconstante en todos sus caminos."

Santiago 1:8

Reflexiona

¿Qué implica ser de "doble ánimo" en este contexto?

¿Cómo afecta la inconstancia a nuestra autodisciplina, según el versículo?

¿En qué áreas de tu vida notas falta de constancia?

¿Qué prácticas diarias pueden ayudarte a reforzar la consistencia en tu autodisciplina?

¿Qué medida concreta podrías implementar esta semana para cultivar más estabilidad en tu vida espiritual?

Acción

Comprométete a un plan de acción específico para desarrollar consistencia en un área de tu vida donde has sido inconstante. Establece una rutina diaria o semanal para mantenerte disciplinado.

En su segundo viaje misionero, Pablo enfrentó rechazo y persecución constante. En Tesalónica, fue obligado a salir tras una revuelta de los judíos en su contra, y en Berea, una turba lo persiguió, lo que lo llevó a abandonar la ciudad (Hechos 17:1-15). A pesar de la oposición y la inseguridad, Pablo perseveró en su misión, predicando en cada ciudad a la que llegaba y fundando iglesias. No dejó que la hostilidad lo desviara de su propósito ni permitiera que el temor lo paralizara. Su autodisciplina lo ayudaba a mantenerse enfocado en el llamado de Dios, confiando en que cada rechazo era una oportunidad para el crecimiento de su carácter y fe. La perseverancia de Pablo desafía al hombre a continuar, a pesar de los obstáculos y las decepciones. Esta constancia es una marca de autodisciplina que todo guerrero espiritual debe cultivar, pues le permite seguir adelante sin importar las circunstancias, permaneciendo firme en su llamado y misión.

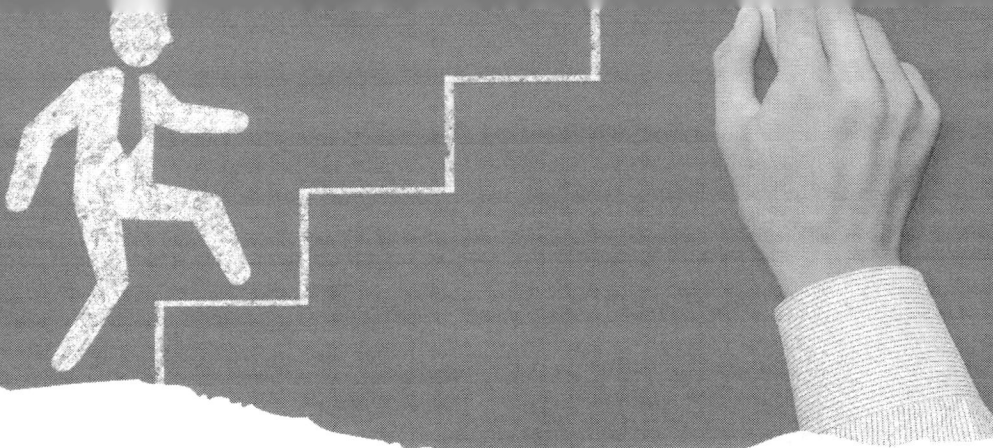

Paso CINCO
DEPENDE DE DIOS PARA LA FORTALEZA

La verdadera autodisciplina no se logra solo con fuerza de voluntad; se basa en la fortaleza que proviene de Dios. Dependemos de Cristo para obtener el autocontrol necesario para vivir una vida piadosa. Este versículo nos recuerda que, con la ayuda de Cristo, podemos superar nuestras debilidades y desarrollar la disciplina necesaria para mantenernos fieles a los principios bíblicos. Este paso te invita a depender más de Cristo en tus esfuerzos por mantener la autodisciplina.

"Todo lo puedo en Cristo que me fortalece."

Filipenses 4:13

Reflexiona

¿Qué enseña este versículo sobre nuestra verdadera fortaleza?

¿Cómo se conecta la autodisciplina con depender en Cristo?

¿En qué aspectos necesitas confiar más en Cristo para tu disciplina?

¿Qué recordatorio podrías usar para depender en Su fuerza, no en la tuya?

¿Cómo dejarías que la fortaleza de Cristo guíe tus decisiones esta semana?

Acción

Cada mañana esta semana, dedica un tiempo para orar y pedirle a Dios que te dé la fortaleza y el autocontrol necesarios para vivir con disciplina. Anota cómo esta dependencia diaria cambia tu enfoque y acciones.

Depende de Dios para la fortaleza

Durante su encarcelamiento en Roma, Pablo se enfrentó a la incertidumbre de su futuro. A pesar de las condiciones difíciles, utilizó su tiempo en prisión para escribir cartas a las iglesias, alentándolas a mantenerse firmes en la fe y depender de Cristo (Filipenses 4:13). En sus cartas, como en Filipenses, Pablo demostró su dependencia en Dios para sostener su paz y fortaleza interior. En vez de ver su encarcelamiento como una limitación, Pablo lo consideró una oportunidad para fortalecer a otros, confiando en que Dios le daría la fortaleza necesaria para enfrentar sus pruebas. Esta experiencia muestra cómo la autodisciplina no depende solo de la fuerza de voluntad, sino de la constante dependencia en Cristo, quien provee el poder y la paz para superar cualquier dificultad. Para el hombre de fe, esta dependencia en Dios es el fundamento de una autodisciplina sólida, recordándole que su fuerza proviene del Señor, quien lo capacita para resistir y perseverar en medio de la adversidad.

RECUERDA

La autodisciplina es más que una habilidad; es una virtud transformadora que permite al guerrero espiritual vivir con intención y enfoque. Pablo nos muestra que la autodisciplina es una decisión diaria de someter nuestros impulsos, deseos y emociones a la voluntad de Dios, manteniéndonos firmes aun en las pruebas más intensas. Esta disciplina interior no solo fortalece nuestra relación con Dios, sino que también nos prepara para enfrentar las tentaciones y presiones de un mundo que busca desviarnos del propósito divino. Cuando ejercemos autodisciplina, renunciamos a las gratificaciones inmediatas y elegimos lo que edifica nuestra vida espiritual, forjando un carácter comprometido con Cristo. Como guerrero, recuerda que cada acto de autocontrol es una declaración de fidelidad y un paso más en la jornada hacia la excelencia espiritual. Fija en tu mente que, como Pablo, puedes encontrar en Dios la fortaleza necesaria para perseverar, viviendo una vida que honra Su llamado en cada aspecto.

La autodisciplina es el dominio interno que permite al guerrero espiritual someter sus impulsos y emociones a la voluntad de Dios, reflejando el carácter de Cristo en su vida diaria.

RETO DEL GUERRERO

La autodisciplina es clave para vivir una vida que agrada a Dios, y es un proceso continuo que requiere esfuerzo, constancia y, sobre todo, dependencia en la fortaleza de Cristo. A lo largo de este estudio, has reflexionado sobre cómo puedes ejercer mayor control en tu vida y alinearte con los principios bíblicos. Ahora, te desafío a poner en práctica lo que has aprendido, sabiendo que con la ayuda de Dios puedes vivir una vida disciplinada y piadosa. Ora para que Dios te dé la fortaleza para ejercer el control necesario sobre tus impulsos y emociones, y te ayude a desarrollar hábitos saludables y consistentes que reflejen Su carácter en tu vida diaria.

"Porque no nos ha dado Dios espíritu de cobardía, sino de poder, de amor y de dominio propio."

2 Timoteo 1:7:

SEXTA ETAPA

EMPATÍA

El poder del guerrero compasivo

El liderazgo basado en la empatía implica mucho más que solo dar órdenes o dirigir. Es liderar con compasión, escuchando, comprendiendo y apoyando a los demás, considerando sus necesidades emocionales, físicas y espirituales. Este tipo de liderazgo refleja el carácter de Cristo, quien siempre mostró empatía y consideración hacia quienes lo rodeaban. La empatía es clave para crear relaciones saludables y para influir positivamente en el entorno familiar, social y laboral. En un mundo donde muchas veces se valora más el control y la autoridad que la comprensión, el llamado a liderar con empatía es contracultural. Sin embargo, Jesús modeló este tipo de liderazgo, mostrando una profunda compasión por las personas. Este estudio te ayudará a reflexionar sobre cómo puedes liderar con empatía en tu vida diaria, conectando emocionalmente con los demás y guiándolos con amor y entendimiento.

El liderazgo con empatía significa guiar con compasión y comprensión, valorando y conectando genuinamente con los demás para reflejar el carácter de Cristo.

Nehemias

En el marco de un *Corazón Guerrero*, Nehemías representa la esencia de un líder que comprende, comparte y se compromete con las luchas de su pueblo. Su empatía se refleja no solo en sus palabras, sino en sus acciones concretas. Al enterarse de la situación de Jerusalén, no solo escucha el problema; lo siente profundamente, hasta el punto de llorar, ayunar y orar (Nehemías 1:4). Su reacción muestra que, para un guerrero espiritual, la empatía no es solo reconocer el dolor ajeno, sino cargarlo como propio y permitir que se convierta en una fuerza impulsora para actuar. Nehemías dejó a un lado su comodidad y su posición como copero del rey en Persia, volviendo a Jerusalén para involucrarse en la reconstrucción de su pueblo. No se limitó a dar órdenes desde lejos; caminó con ellos, entendió sus desafíos y lideró con un espíritu de servicio. Este ejemplo de Nehemías nos reta a desarrollar un *Corazón Guerrero* que valore a quienes nos rodean, que escuche sus necesidades y esté dispuesto a interceder y actuar en su favor. Para el hombre de fe, este liderazgo empático no es una muestra de debilidad, sino la máxima expresión de fortaleza interior, una cualidad que, como Nehemías, nos impulsa a liderar con un propósito que trasciende nuestra propia vida.

El objetivo de esta sexta etapa es capacitar al guerrero para liderar con empatía y compasión, entendiendo y valorando a quienes lo rodean, fomentando la confianza y el apoyo mutuo. Un guerrero compasivo es un líder que edifica, conectando emocionalmente con los demás y reflejando el amor y la humildad de Cristo en su liderazgo

Textos Clave para una Vida de Empatía:
- ✓ **Filipenses 2:3-4**
- ✓ **Filipenses 2:14-15**
- ✓ **Romanos 12:15**
- ✓ **1 Tesalonicenses 5:11**
- ✓ **1 Pedro 3:8**

Paso UNO
ENTIENDE LA EMPATICO

La empatía es un componente clave en el liderazgo cristiano. Liderar con empatía significa valorar a los demás no solo por lo que hacen, sino por quiénes son. Cuando estimamos a los demás como superiores a nosotros mismos, nuestra perspectiva cambia, y actuamos con mayor compasión y comprensión. Este paso te invita a reflexionar sobre cómo puedes integrar esta actitud en tu vida diaria, especialmente en tu rol como líder. Liderar con empatía requiere humildad, y reconocer que cada persona tiene un valor intrínseco ante Dios.

"Nada hagáis por contienda o por vanagloria; antes bien con humildad, estimando cada uno a los demás como superiores a él mismo."

Filipenses 2:3-4

Reflexiona

¿Qué enseña este versículo sobre liderar con humildad?

¿Cómo puedes estimar a los demás como superiores en tus acciones diarias?

¿Por qué es importante ver a los demás con empatía en tu rol de líder?

¿En qué situaciones se te dificulta practicar empatía en el liderazgo?

¿Qué cambio podrías hacer hoy para liderar con mayor compasión?

Acción

Piensa en una situación reciente en la que te encontraste en una posición de liderazgo. Reflexiona sobre cómo podrías haber mostrado más empatía. Haz un plan para actuar con mayor compasión en futuras situaciones similares.

Entiende la Empatía

Nehemías mostró una profunda empatía al escuchar sobre la devastación de Jerusalén. Lejos de mantener distancia emocional, sintió el dolor de su pueblo tan profundamente que se sentó, lloró, ayunó y oró (Nehemías 1:4). Su empatía no solo fue una respuesta emocional sino una llamada a la acción. Nehemías no pensó primero en su posición o comodidad en Persia; en cambio, valoró a los demás y se identificó con ellos, lo que lo llevó a interceder por su bienestar ante el rey. Esta respuesta de Nehemías revela que la empatía en el liderazgo cristiano es más que reconocer las necesidades de los demás; es hacer propias esas cargas y responder con compasión y compromiso. El ejemplo de Nehemías nos reta a considerar cómo percibimos las dificultades de otros y a permitir que esa percepción impulse acciones genuinas de ayuda y comprensión.

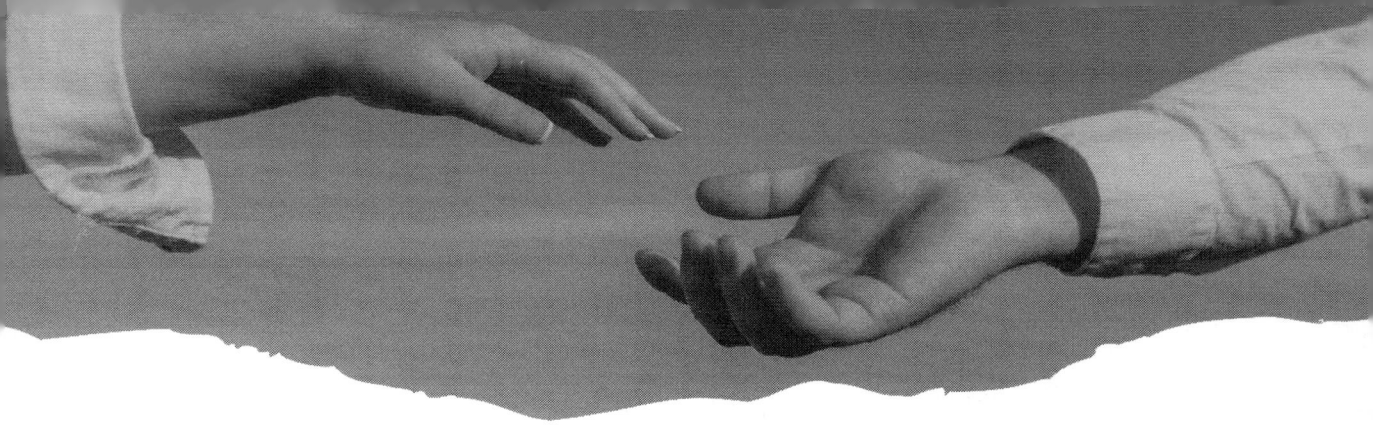

Paso DOS
ACTUA CON HUMILDAD Y CONSIDERACIÓN

El las acciones basadas en la humildad y la consideración no busca imponerse, sino servir y edificar. Este versículo nos recuerda que debemos evitar las contiendas y las murmuraciones, buscando siempre la paz y el entendimiento en nuestras relaciones. Cuando lideramos de esta manera, no solo reflejamos el carácter de Cristo, sino que también creamos un ambiente de armonía y respeto. Este paso te invita a reflexionar sobre cómo la humildad puede fortalecer tu liderazgo y mejorar tus relaciones con los demás. Las acciones del corazón guerrero están permeadas por la consideración.

"Haced todo sin murmuraciones y contiendas, para que seáis irreprensibles y sencillos..."

Filipenses 2:14-15

Reflexiona

¿Cómo puedes evitar contiendas al liderar?

¿Qué impacto tiene la humildad en tu estilo de liderazgo?

¿Por qué es importante evitar murmuraciones en tu liderazgo?

¿Cómo puedes promover un ambiente de paz en tus relaciones diarias?

¿Qué acción concreta podrías tomar hoy para liderar con más consideración?

Acción

Elige una relación de liderazgo (en tu trabajo, iglesia o familia) y busca oportunidades para practicar la humildad y la consideración. Reflexiona sobre cómo tu actitud afecta la relación y el ambiente general.

Humildad y Consideración

Nehemías es un modelo de humildad en el liderazgo al asumir la reconstrucción sin buscar elogios. Cuando obtuvo permiso para liderar en Jerusalén, rechazó los privilegios como gobernador y no quiso ser una carga para el pueblo (Nehemías 5:14-18). Su humildad se reflejaba en su disposición a trabajar junto con el pueblo y a evitar murmuraciones o conflictos. Al liderar con humildad, Nehemías promovió la paz y evitó la contienda, concentrándose en el servicio y la edificación de su comunidad. Esta actitud de humildad hizo que el pueblo confiara en él y lo respetara, sabiendo que sus intenciones eran genuinas y no motivadas por intereses personales. El ejemplo de Nehemías muestra que liderar sin contiendas ni murmuraciones, sino con un espíritu de humildad y consideración, fortalece las relaciones y crea un entorno de respeto mutuo y paz.

Paso Tres
CONECTA EMOCIONALMENTE CON LOS DEMÁS

Conectar emocionalmente con los demás es un aspecto fundamental del *Corazon Guerrero* empático. Este versículo nos llama a compartir tanto en los momentos de alegría como en los de dolor, lo cual refuerza nuestra capacidad para liderar con compasión. Cuando somos capaces de empatizar profundamente con las emociones de los demás, creamos relaciones más fuertes y significativas. Este paso te desafía a ser más intencional en conectar emocionalmente con quienes te rodean.

"Gozaos con los que se gozan; llorad con los que lloran."

Romanos 12:15

Reflexiona

¿Cómo puedes estar más presente en las alegrías y tristezas de los demás?

¿Qué te impide conectar emocionalmente con quienes te rodean?

¿Cómo puedes demostrar más empatía en tus relaciones diarias?

¿Qué cambios podrías hacer para ser más receptivo emocionalmente?

¿Cómo fortalecería tu liderazgo una conexión emocional genuina?

Acción

Dedica tiempo esta semana a escuchar a alguien que esté pasando por una situación difícil. Practica la empatía mostrándole tu apoyo emocional, y reflexiona sobre cómo esto afecta tu relación con esa persona.

Conecta Emocionalmente con los Demás

Nehemías no dirigió desde la distancia; compartió el trabajo, las dificultades y los riesgos junto con el pueblo. Mientras reconstruían el muro, Nehemías enfrentó junto a ellos la constante amenaza de enemigos externos y su compromiso generó una conexión auténtica con sus compatriotas (Nehemías 4:16-23). Este tipo de liderazgo muestra que el líder no solo supervisa, sino que participa activamente en las luchas y victorias de quienes lidera. Al estar presente en sus momentos de alegría y adversidad, Nehemías inspiró a su equipo a permanecer fuertes y unidos. Esta conexión emocional y el ejemplo de esfuerzo conjunto hicieron que el pueblo se sintiera apoyado y motivado. La empatía de Nehemías nos enseña que un liderazgo compasivo y presente refuerza el sentido de pertenencia, incrementa la moral y crea relaciones más significativas y duraderas.

Paso CUATRO
FOMENTA UN AMBIENTE DE CONFIANZA

Crear un ambiente de confianza es esencial para un liderazgo basado en la empatía. La confianza permite que las personas se sientan seguras para expresarse y contribuir sin miedo al juicio o la crítica. Este versículo nos anima a edificarnos mutuamente, lo que implica un liderazgo que levanta a los demás en lugar de derribarlos. Este paso te invita a reflexionar sobre cómo puedes fomentar un ambiente de apoyo y confianza entre quienes lideras. El hombre de *Corazon Guerrero* fomenta un hambiente de conficaza y naturalidad.

"Por tanto, confortaos mutuamente, y edificaos unos a otros, así como lo hacéis."

1 Tesalonicenses 5:11

Reflexiona

¿Qué acciones puedes tomar para fortalecer la confianza en tu equipo?

¿Cómo puedes hacer que los demás se sientan valorados y seguros?

¿Qué prácticas fomentarían un ambiente de apoyo mutuo?

¿Cómo puedes edificar a otros en tu liderazgo diario?

¿Qué actitudes promoverían una cultura de respeto y comprensión?

Acción

Identifica una oportunidad en tu vida diaria para fomentar la confianza entre quienes lideras, ya sea en el trabajo, la iglesia o el hogar. Toma pasos concretos para edificar a los demás, animándolos y reconociendo sus contribuciones.

Fomenta un Ambiente de Confianza

Nehemías comprendía que la confianza era fundamental para un trabajo tan desafiante como la reconstrucción de los muros, especialmente bajo amenaza. Al recordarles que Dios era su protector y alentarlos a trabajar juntos, Nehemías creó un ambiente seguro (Nehemías 4:14). Esta confianza en Dios y en el equipo inspiró a cada trabajador a dar lo mejor de sí mismo, sabiendo que sus esfuerzos serían valorados y que su líder estaba comprometido con su bienestar. Nehemías mostró que el verdadero liderazgo edifica y apoya, no derriba. Al cultivar un ambiente de apoyo mutuo, Nehemías estableció un modelo de colaboración donde cada persona se sentía valorada y respaldada. Este ejemplo nos enseña que para ser un líder eficaz es necesario construir relaciones de confianza y apoyo, animando a todos a contribuir y a depender los unos de los otros en un ambiente de respeto y edificación.

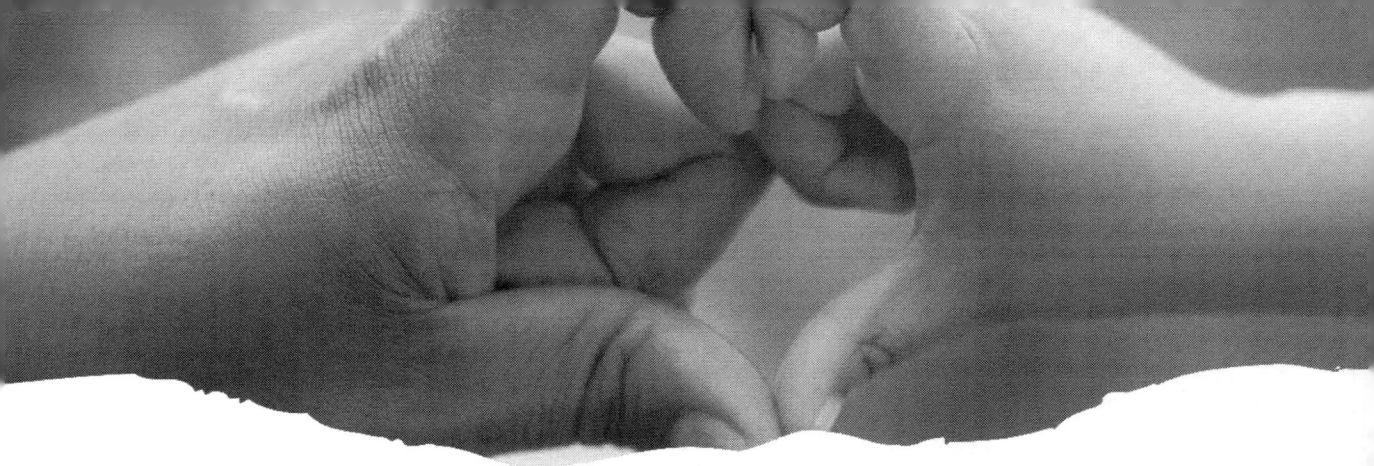

Paso CINCO
ACTÚA CON COMPASIÓN

La compasión es una de las cualidades más poderosas de un *corazón guerrero*. Este versículo nos llama a ser misericordiosos y amigables, demostrando una actitud de comprensión y cuidado hacia los demás. Actuar con compasión no significa ser débil, sino más bien reflejar el corazón de Cristo en nuestras interacciones diarias. Este paso te desafía actuar con un corazón abierto y compasivo, buscando siempre el bienestar de quienes están bajo tu influencia directa o indirecta. Recuerda que siempre, aunque no lo creas, estaras influyendo en alguien.

"Sed todos de un mismo sentir, compasivos, amándoos fraternalmente, misericordiosos, amigables."

1 Pedro 3:8

Reflexiona

¿Cómo puedes mostrar más compasión en tus interacciones diarias?

¿Qué gestos pequeños reflejarían un liderazgo comprensivo?

¿Cómo puedes demostrar misericordia en momentos de tensión?

¿Qué actitudes te ayudarían a liderar con un corazón amigable?

¿Cómo puedes enfocar tu liderazgo en el bienestar de los demás?

Acción

Identifica un área de tu liderazgo en la que podrías ser más compasivo. Toma una decisión consciente de liderar con un corazón abierto y compasivo, buscando maneras de servir a los demás.

Actua con Compasión

La compasión fue una característica constante en el liderazgo de Nehemías. Cuando se enteró de que algunos judíos oprimían a sus propios hermanos en tiempos de hambre, Nehemías no ignoró la injusticia, sino que actuó con firmeza y misericordia (Nehemías 5:1-13). Confrontó la explotación y exigió que se les devolvieran las propiedades y el dinero. Al tomar una postura compasiva y justa, Nehemías restauró la dignidad de los oprimidos y corrigió las acciones injustas, asegurando que la comunidad permaneciera unida y fuerte. Su liderazgo mostró que la compasión no es una debilidad, sino una fuerza que busca el bienestar de todos. Nehemías nos enseña que liderar con compasión no solo implica entender las necesidades de los demás, sino también tomar acciones concretas para aliviarlas, reflejando así el corazón de Cristo en cada decisión y en cada interacción.

RECUERDA

La empatía es una fuerza poderosa que impacta profundamente en las relaciones y fortalece el ambiente de confianza y respeto. A lo largo de esta etapa, hemos visto cómo el guerrero compasivo lidera con humildad, conecta emocionalmente y fomenta un entorno donde las personas se sienten valoradas. Liderar de esta manera implica entender el valor intrínseco de cada persona y demostrar una compasión genuina, tal como lo hizo Cristo. Este tipo de liderazgo no solo construye un equipo fuerte y unido, sino que también refleja el carácter de Dios en cada interacción. Recuerda que el verdadero liderazgo no se mide por la autoridad o el poder, sino por la capacidad de elevar y guiar a otros hacia su máximo potencial. Cultivar esta empatía en tu vida diaria te ayudará a inspirar y edificar a los demás, creando un impacto duradero que va más allá de las palabras.

> La empatía es la esencia de un liderazgo compasivo, guiado por el ejemplo de Cristo para comprender, apoyar y fortalecer a los demás.

RETO DEL GUERRERO

El liderazgo basado en la empatía no solo mejora las relaciones, sino que también refleja el carácter de Cristo en el trato con los demás. A lo largo de este estudio, has reflexionado sobre cómo puedes liderar con compasión, humildad y empatía. Ahora, te desafío a poner en práctica estas cualidades, confiando en que, al hacerlo, tu liderazgo impactará de manera positiva a quienes te rodean. Ora para que Dios te dé un corazón lleno de empatía y comprensión hacia los demás. Pídele que te enseñe a liderar con humildad y compasión, valorando a los demás y creando un ambiente de apoyo y confianza en todas tus relaciones de liderazgo.

"Así que, todas las cosas que queráis que los hombres hagan con vosotros, así también haced vosotros con ellos; porque esto es la ley y los profetas."

Mateo 7:12

SEPTIMA ETAPA

DETERMINACIÓN

El espíritu del guerrero imparable

La **valentía** es la capacidad de defender lo correcto, incluso frente a la oposición o el temor, mientras que la **determinación** implica la perseverancia y la firmeza en los principios, sin ceder a las presiones o dificultades. El hombre conforme al corazón de Dios es valiente para hacer lo correcto y persevera, confiando en Dios, en los momentos más desafiantes. En un mundo donde los valores pueden comprometerse fácilmente por conveniencia o popularidad, la valentía y la determinación son esenciales para vivir una vida que honre a Dios. Hoy en día, los hombres enfrentan presiones constantes para comprometer sus valores y principios, especialmente cuando hacerlo parece más fácil o aceptado socialmente. Sin embargo, el llamado bíblico es claro: ser valientes y determinados en defender la verdad y la fe, sin importar las circunstancias. Este estudio te ayudará a reflexionar sobre cómo desarrollar una valentía moral y una determinación firme que te permita permanecer en pie, aun cuando los demás no lo hagan.

La determinación y la valentía sustentan al guerrero imparable, manteniéndolo firme en la fe y en los principios de Dios, aun ante oposición y desafíos.

CALEB

Caleb es un ejemplo destacado de determinación en la Biblia, especialmente cuando consideramos lo que implica un *corazón guerrero* comprometido a cumplir el propósito de Dios. Su vida refleja una constancia inquebrantable que no se rinde ante el miedo, la presión social o las circunstancias desalentadoras. En Números 13:30, Caleb muestra una fe firme al sostener que, con la ayuda de Dios, el pueblo de Israel podría tomar la Tierra Prometida, a pesar del temor de los otros espías y de la duda que reinaba entre el pueblo. Esta convicción no fue solo una reacción momentánea, sino una determinación que Caleb mantuvo a lo largo de su vida, incluso cuando eso significaba esperar cuarenta años en el desierto debido a la falta de fe de los demás. En Josué 14:10-12, Caleb, ya de avanzada edad, reafirma su propósito y pide a Josué el monte de Hebrón para conquistarlo, confiando plenamente en que Dios le daría la victoria, aun frente a grandes obstáculos. Para el *corazón guerrero*, la determinación de Caleb nos enseña que mantenerse firme en las promesas de Dios requiere una fe activa, una visión clara y un compromiso inquebrantable. Su vida es un llamado a perseverar en el propósito divino, sabiendo que Dios siempre cumplirá Sus promesas en Su tiempo perfecto.

El objetivo de esta séptima etapa es desarrollar en el guerrero la valentía y la determinación necesarias para mantenerse firme en sus creencias, perseverando en medio de la oposición. Un guerrero imparable defiende sus valores con valentía y confía en Dios para obtener la fortaleza necesaria en cada batalla, enfrentando el miedo y la duda con fe.

Textos Clave para una Vida de Determinación:
- ✓ **1 Corintios 16:13**
- ✓ **Gálatas 6:9**
- ✓ **1 Pedro 5:8**
- ✓ **1 Corintios 15:58**
- ✓ **Deuteronomio 31:6**

Paso UNO
REFLEXIONA SOBRE LA VALENTÍA EN LA FE

La valentía en la fe es fundamental para mantenernos firmes frente a los desafíos que pueden intentar desviar nuestra confianza en Dios. Estar firme en la fe significa no solo defender nuestras creencias, sino también vivir con convicción, sin vacilar, aun cuando enfrentamos oposición. Este paso te invita a considerar cómo puedes ser valiente en tu vida diaria, defendiendo tu fe y principios a pesar de las presiones externas.

"Estad firmes en la fe, sed valientes, sed fuertes."

1 Corintios 16:13

Reflexiona

¿Qué significa para ti "estar firme en la fe" en los desafíos de hoy?

¿Qué situación reciente puso a prueba tu valor para sostener tus creencias?

¿Cómo puede tu confianza en Dios ayudarte a superar el temor?

¿Qué pasos concretos podrías tomar para fortalecer tu fe en situaciones de oposición?

¿De qué manera puedes vivir tu fe con valentía en tu entorno diario?

Acción

Identifica una situación reciente en la que hayas sentido la presión de comprometer tus creencias. Reflexiona sobre cómo podrías haber actuado con más valentía y determina qué cambios necesitas hacer para mantenerte firme en futuras situaciones similares.

Reflexiona sobre la valentía en la fe

Caleb mostró una fe valiente al mantenerse firme en la promesa de Dios cuando todos a su alrededor temían. A pesar de los informes negativos de los otros espías sobre la Tierra Prometida y de las dudas del pueblo, Caleb no se dejó intimidar. En Números 13:30, él declara con convicción que, con la ayuda de Dios, pueden conquistar la tierra, demostrando que su valentía no dependía de las circunstancias visibles, sino de su profunda confianza en la fidelidad de Dios. Esta valentía no era impulsiva ni superficial, sino una decisión consciente de mantenerse firme en lo que sabía que era verdad. Caleb nos enseña que la valentía en la fe implica sostener nuestras creencias, aun cuando enfrentamos oposición o temor. Su ejemplo es un recordatorio poderoso de que podemos permanecer valientes y confiados en Dios, especialmente en momentos de desafío y presión.

Paso DOS
PERSEVERA EN MEDIO DE LAS DIFICULTADES

La perseverancia es esencial para mantenernos enfocados en hacer lo correcto, aun cuando enfrentamos obstáculos. Este versículo nos recuerda que hay una recompensa para quienes no se rinden. Perseverar, especialmente cuando sentimos que nuestras acciones no producen resultados inmediatos, es un acto de fe. Este paso te desafía a perseverar en la bondad y en el servicio, confiando en la promesa de que Dios honrará tus esfuerzos.

"Y no nos cansemos de hacer el bien, pues a su tiempo segaremos, si no desmayamos."

Gálatas 6:9

Reflexiona

¿Qué obstáculos suelen desafiar tu determinación de hacer el bien?

¿Cómo te inspira la perseverancia de Caleb en tiempos de espera?

¿Qué recordatorio podrías usar para mantener la fe cuando los resultados no son inmediatos?

¿Cómo puedes mantenerte constante en tus esfuerzos por servir a Dios?

¿En qué área de tu vida necesitas mayor perseverancia para no desanimarte?

Acción

Elige una situación en la que normalmente te sentirías tentado a rendirte. Haz un plan para seguir adelante con determinación y reflexiona sobre cómo Dios puede usarte cuando perseveras en el bien.

Persevera en medio de las dificultades

La perseverancia de Caleb es uno de los aspectos más notables de su vida. Durante los cuarenta años que el pueblo de Israel vagó por el desierto, Caleb mantuvo su fe y nunca se apartó de la promesa de Dios. Como vemos en Josué 14:10-11, a los ochenta y cinco años, Caleb seguía dispuesto a luchar por la tierra que le había sido prometida, demostrando que Dios honra la perseverancia de quienes mantienen sus ojos en Él. A pesar de los años de espera, su confianza y enfoque no flaquearon. Caleb no se dejó llevar por la frustración de la espera ni por las circunstancias, sino que permaneció enfocado en el propósito de Dios para él. Su vida nos inspira a seguir adelante, incluso cuando enfrentamos desafíos o esperas prolongadas, confiando en que Dios cumplirá Su palabra en Su tiempo perfecto.

Paso TRES
DEFIENDE TUS VALORES CON VALENTÍA

En un mundo lleno de tentaciones y presiones para comprometer nuestros principios, es crucial estar alerta y defender lo que es correcto. Este versículo te llama a estar sobrio y vigilante, sabiendo que hay fuerzas que buscan desviarte de tus valores. Este paso te invita a reflexionar sobre las áreas de tu vida que están bajo ataque y cómo puedes mantenerte firme, defendiendo tus principios con valentía. Proteger los valores que guían tu vida requiere coraje. No se trata de ser perfecto o de no cometer errores, sino de cuidar los valores que impulsan tus acciones y definen quién eres, sin comprometerlos ni negociarlos.

"Sed sobrios y velad; porque vuestro adversario el diablo, como león rugiente, anda alrededor buscando a quién devorar."

1 Pedro 5:8

Reflexiona

¿Cuáles son las áreas donde tus valores son más desafiados?

¿Cómo puedes mantenerte alerta para defender tus principios en un entorno de presión?

¿Qué decisión puedes tomar hoy para afirmar tus valores sin vergüenza?

¿Qué ejemplo de Caleb puedes aplicar en tus propios desafíos de fe?

¿Cómo puedes asegurarte de que tus valores guíen tus acciones, aun ante la oposición?

Acción

Identifica una situación en la que te sientas tentado a comprometer tus valores. Haz un compromiso específico de defender tu fe y principios, orando por fortaleza para hacerlo con valentía.

Defiende tus valores con valentía

Caleb defendió sus principios incluso cuando enfrentaba la presión de un pueblo entero que no quería seguir adelante con la conquista. Mientras otros se desanimaban y temían, él se mantuvo firme en sus convicciones, defendiendo su fe con valentía y claridad (Números 14:6-9). Su determinación en sus valores no era algo casual; era una disciplina diaria de mantenerse enfocado en la verdad de Dios. Caleb comprendía que sus principios no debían cambiar según las circunstancias, sino que debían guiar sus decisiones, incluso cuando otros estaban en desacuerdo. A lo largo de su vida, su vigilancia y firmeza en los valores que sostenía le permitieron enfrentar cualquier desafío con seguridad. Su historia nos desafía a examinar nuestras propias vidas y a defender lo que es correcto, sin ceder ante la presión ni comprometer nuestras creencias cuando enfrentamos oposición.

Paso TRES
MANTENTE FIRME EN LA VERDAD

Mantenerse firme y constante en nuestras convicciones y en la obra de Dios es fundamental para demostrar una valentía y determinación auténticas. Esta actitud no solo refleja una fe sólida, sino también un compromiso profundo con el propósito divino, aun cuando enfrentamos desafíos. Este versículo nos recuerda que cada esfuerzo en el Señor tiene un significado y produce resultados valiosos en el tiempo adecuado, según la voluntad de Dios. Nos desafía a perseverar en la verdad y a mantener la esperanza, incluso cuando los resultados parecen tardar. La verdadera valentía implica confiar en el propósito de Dios y no desanimarnos, sabiendo que Él está presente en cada paso.

"Por tanto, hermanos míos amados, estad firmes y constantes, creciendo en la obra del Señor siempre..."

1 Corintios 15:58

Reflexiona

¿Cómo puedes mantenerte constante en tus convicciones, aun cuando otros duden?

¿Qué recordatorio puedes usar para no desanimarte cuando los resultados son lentos?

¿De qué manera puedes asegurarte de que tu fe siga creciendo, sin importar las circunstancias?

¿Qué motivación encuentras en la vida de Caleb para perseverar en el propósito de Dios?

¿Qué acciones específicas puedes realizar para mantenerte firme en la verdad?

Acción

Anota tres formas en las que puedes ser más constante en tu vida espiritual y en la obra del Señor. Establece metas específicas para mantenerte firme y determinado en ellas durante las próximas semanas.

Mantente firme en la verdad

Caleb fue un ejemplo de constancia y firmeza en la verdad de Dios, sin dejarse desanimar por el escepticismo de quienes le rodeaban. Su vida muestra cómo mantenerse firme en la verdad ayuda a consolidar un carácter inquebrantable. En Josué 14:12, él pide a Josué que le conceda la tierra que Dios le había prometido, mostrando que aún tenía plena confianza en la fidelidad de Dios. Esta convicción lo fortaleció y le permitió ser constante en su propósito, sin importar las circunstancias o el tiempo que pasara. La determinación de Caleb nos enseña que no debemos desanimarnos, incluso cuando los resultados no se ven de inmediato. Ser firmes en la verdad requiere una constancia diaria, sabiendo que todo esfuerzo que ponemos en el camino de Dios tiene un propósito y una recompensa. Su vida es un recordatorio de la importancia de ser constantes en nuestras creencias.

Paso CINCO
DEPENDE DE DIOS PARA SER FUERTE

La verdadera valentía surge de nuestra confianza en Dios y no de nuestra propia fuerza o habilidad. Este versículo es un recordatorio poderoso de que no hay razón para temer, porque Dios camina junto a nosotros en cada batalla y desafío que enfrentamos. Saber que Su presencia está con nosotros en los momentos de dificultad nos llena de ánimo y seguridad. Este paso nos invita a profundizar nuestra dependencia en Dios, buscando en Él la fortaleza necesaria para ser valientes en las pruebas más desafiantes. Cuando confiamos en Su poder, encontramos el valor para enfrentar cualquier situación con firmeza y paz.

"Esforzaos y cobrad ánimo, no temáis, ni tengáis miedo de ellos; porque Jehová tu Dios es el que va contigo; no te dejará, ni te desamparará."

Deuteronomio 31:6

Reflexiona

¿Qué áreas de tu vida necesitan una dependencia más profunda en Dios para fortalecer tu fe?

¿De qué manera te anima la promesa de Dios de no dejarte solo?

¿Cómo puedes recordar a diario que tu fuerza viene de Dios y no de tus habilidades?

¿Qué oración podrías hacer para buscar fortaleza en los momentos difíciles?

¿De qué forma puedes actuar con confianza, sabiendo que Dios está contigo en cada batalla?

Acción

Cada vez que enfrentes una situación que te haga sentir miedo o duda, recurre a Dios en oración, recordando Su promesa de estar contigo. Reflexiona sobre cómo esta dependencia diaria cambia tu actitud y te da fortaleza.

Depende de Dios para ser fuerte

La fortaleza de Caleb no venía de su habilidad o experiencia, sino de su total dependencia en Dios. Al reclamar la tierra de Hebrón, no confiaba en su propia fuerza, sino en la ayuda de Dios para superar cualquier desafío. En Josué 14:14, vemos que Hebrón fue dado a Caleb porque "él siguió fielmente al Señor, Dios de Israel." Su confianza estaba en que Dios estaba con él y lo capacitaría para cumplir el propósito que le había dado. Esta dependencia en Dios era la base de su valentía, permitiéndole enfrentar desafíos sin temor, sabiendo que no estaba solo. La vida de Caleb nos invita a reconocer nuestras limitaciones y a buscar en Dios la fortaleza necesaria para enfrentar cualquier situación con fe y coraje. Su ejemplo nos recuerda que nuestra verdadera fuerza proviene de Dios, y que cuando dependemos de Él, podemos actuar con una valentía inquebrantable, confiando en Su presencia y Su fidelidad en cada batalla.

RECUERDA

En esta etapa, hemos explorado la importancia de la valentía y la determinación para un corazón guerrero que se mantiene firme en sus principios. Inspirados en el ejemplo de Caleb, hemos aprendido que la determinación requiere una fe sólida y una perseverancia constante, especialmente cuando enfrentamos oposición o presión para comprometer nuestros valores. Caleb se destacó por su disposición a defender la promesa de Dios, incluso cuando su postura era impopular y desafiaba el miedo de quienes lo rodeaban. A lo largo de este recorrido, hemos reflexionado sobre la necesidad de sostener nuestras creencias con valentía y resistir el deseo de rendirse ante las dificultades. La determinación en el guerrero imparable es la cualidad que le permite mantenerse enfocado en su propósito, confiando en que Dios honrará su fidelidad. Este compromiso de permanecer firme, sin importar las circunstancias, es la esencia de un carácter inquebrantable que honra a Dios.

> La determinación y valentía son esenciales para que el guerrero espiritual se mantenga firme en sus convicciones, confiando en que Dios lo fortalecerá para superar cualquier desafío.

RETO DEL GUERRERO

La valentía y la determinación son esenciales para mantenerse firme en la fe, defender los valores y perseverar en medio de las dificultades. A lo largo de este estudio, has reflexionado sobre cómo puedes desarrollar estas cualidades en tu vida diaria, confiando en la fortaleza que Dios te da para enfrentar cualquier desafío. Te desafío a poner en práctica lo aprendido y vivir con valentía y determinación, sabiendo que Dios está contigo en cada paso. Ora para que Dios te dé la valentía y la determinación necesarias para defender lo correcto, incluso cuando sea difícil. Pídele que te dé la fortaleza para perseverar y permanecer firme en la fe, confiando en Su presencia y poder en cada situación.

"Esforzaos todos vosotros los que esperáis en Jehová, y tome aliento vuestro corazón"

Salmos 31:24

OCTAVA ETAPA

Valentía

El espíritu de un guerrero decidido

La valentía en Cristo no solo implica enfrentar la adversidad externa, sino también superar los retos internos que surgen cuando respondemos al llamado de Dios. La determinación de ser un testigo fiel de Cristo, aun cuando enfrentemos rechazo o malentendidos, es una señal clara de un verdadero guerrero espiritual. Este estudio te guiará a reflexionar sobre cómo puedes desarrollar una valentía firme y decidida para vivir según los principios de Jesús y defender la verdad del evangelio en cada área de tu vida. La valentía es una de las características más visibles de un hombre conforme al corazón de Dios. No se trata simplemente de la ausencia de miedo, sino de la convicción firme de actuar en favor de la verdad y el bien, aun cuando haya riesgos o amenazas. Este tipo de valentía es esencial para un guerrero espiritual que desea seguir a Jesús con determinación, defendiendo su fe, resistiendo las tentaciones y enfrentando la presión del mundo sin retroceder.

La valentía en Cristo es la firmeza de un guerrero espiritual que se decide a actuar en fe, sin retroceder, confiando en la fidelidad de Dios y defendiendo Su verdad en todo momento.

ABRAHAM

Abraham es un ejemplo de una valentía basada en la fe y la confianza en Dios, una cualidad esencial para el *corazón guerrero* que busca seguir a Cristo con determinación. Desde su llamado inicial en Génesis 12:1-4, Abraham mostró una valentía que trascendía lo común: dejó su hogar, sus raíces y sus comodidades para seguir a Dios hacia un destino desconocido. Esta obediencia fue un acto de valentía porque se apoyó en la promesa y dirección de Dios, sin saber exactamente qué le esperaba. Además, su fe inquebrantable en momentos de adversidad, como cuando estuvo dispuesto a sacrificar a su hijo Isaac (Génesis 22:1-14), demuestra que la verdadera valentía no evita las pruebas, sino que se afirma en la fidelidad de Dios. Abraham no solo vivió con fe, sino que defendió su creencia en las promesas de Dios incluso cuando parecía imposible tener un hijo en su vejez (Génesis 17:15-19). Su valentía no era solo para enfrentar dificultades externas, sino también para amar y interceder por otros, como lo hizo por Sodoma y Gomorra (Génesis 18:22-33). El *corazón guerrero* de Abraham, caracterizado por una valentía decidida y un amor profundo, es una inspiración para todos los hombres que desean vivir con una fe que no se quiebra ante los desafíos, sino que confía en que Dios cumplirá Su propósito en cada situación.

El objetivo de esta octava etapa es inspirar al guerrero espiritual a desarrollar una valentía decidida para seguir a Jesús sin importar las circunstancias. Esta valentía es fruto de la confianza en la dirección divina, del compromiso de vivir para Cristo y de defender los valores del reino de Dios en un mundo que los desafía constantemente.

Textos Clave para una Vida de Valentía:
Salmos 27:1
Romanos 1:16
Josué 1:9
Mateo 5:10
1 Juan 4:18

Paso UNO
COMPRENDE LA FUENTE DE LA VALENTÍA

La valentía auténtica nace de una relación sólida y profunda con Dios. Al reconocerlo como nuestra luz y salvación, cualquier temor que enfrentamos pierde su dominio sobre nuestras vidas. Esta valentía no consiste en depender de nuestra propia fortaleza o capacidades, sino en confiar plenamente en el poder y la seguridad que Dios nos brinda. Él es nuestra roca, nuestro refugio y fuente de valentía en cada paso que damos. Este paso te invita a reflexionar sobre cómo tu confianza en Dios puede ser la clave para enfrentar los miedos y desafíos que surgen en la vida diaria, asegurándote de que, con Él, eres capaz de superar cualquier dificultad.

"El Señor es mi luz y mi salvación; ¿a quién temeré? El Señor es la fortaleza de mi vida; ¿de quién he de atemorizarme?"

Salmos 27:1

Reflexiona

¿Qué temores enfrentas hoy que parecen insuperables?

¿Cómo fortalece tu valentía saber que Dios es tu luz y salvación?

¿Qué significa depender de Dios en lugar de tus propias fuerzas?

¿Cómo puedes confiar en Dios para guiarte en lo desconocido?

¿Qué pasos concretos tomarás para enfrentar tus temores apoyado en Dios?

Acción

Identifica un temor específico en tu vida. Dedica tiempo en oración, pidiendo a Dios que te dé la valentía para enfrentarlo, sabiendo que Él está contigo en todo momento.

Comprende la fuente de la valentía

La valentía de Abraham se originó en su confianza inquebrantable en Dios. Cuando Dios le pidió que dejara su tierra y familia para ir a un lugar desconocido, Abraham obedeció sin cuestionar, siguiendo Su dirección (Génesis 12:1-4). Esta valentía no surgió de una seguridad en sí mismo o en lo que conocía, sino de una fe firme en las promesas divinas. Abraham no necesitaba saber el destino exacto porque confiaba en que Dios lo guiaría paso a paso. Este acto de obediencia nos muestra que la verdadera valentía se basa en una relación sólida con Dios, quien es nuestra luz y salvación. Al reconocer a Dios como la fuente de nuestra fortaleza, podemos enfrentar desafíos que de otra forma nos parecerían insuperables. Enfrentar lo desconocido con esta confianza nos permite vivir con valentía, apoyándonos en Su poder y dirección.

Paso DOS
DEFIENDE TU FE SIN VERGÜENZA

Defender el evangelio de Jesús implica no avergonzarse de nuestra fe, aun cuando estamos rodeados de personas que no la comparten o cuando enfrentamos rechazo. Mantenernos firmes en nuestras creencias y proclamar el mensaje de salvación requiere valentía y confianza en Dios. Este valor no nace de nosotros mismos, sino de la convicción de que el evangelio es el poder de Dios para la salvación de todos los que creen. Así, nuestra responsabilidad es anunciarlo sin temor, seguros de que es la verdad que transforma vidas, y confiando en que Dios usa nuestro testimonio para impactar a otros.

"Porque no me avergüenzo del evangelio, porque es poder de Dios para salvación a todo aquel que cree."

Romanos 1:16

Reflexiona

¿Cuándo fue la última vez que temiste compartir tu fe?

¿Qué te impide defender el evangelio con más confianza?

¿Cómo te inspira Abraham a vivir tu fe sin avergonzarte?

¿Qué área de tu vida necesita una defensa más valiente de tu fe?

¿Cómo puedes compartir el evangelio esta semana sin temor?

Acción

Busca una oportunidad esta semana para compartir tu fe con alguien de manera clara y sin vergüenza. Ora para que Dios te dé las palabras y el valor para hablar con confianza y amor.

Defiende tu fe sin vergüenza

Abraham demostró su fe sin temor, incluso cuando su situación desafió la lógica. Cuando Dios le prometió un hijo en su vejez, él mantuvo su fe sin avergonzarse, a pesar de las dudas de quienes lo rodeaban, incluyendo las de su esposa Sara (Génesis 17:15-19). Este paso de valentía nos recuerda la importancia de defender nuestra fe en las promesas de Dios, sin importar cuán improbable pueda parecer. Abraham no solo creyó en silencio; vivió con una confianza visible en que Dios cumpliría lo prometido. Su ejemplo desafía al guerrero espiritual a vivir la fe con valentía, defendiendo el evangelio y las promesas de Dios sin vergüenza, porque sabe que el evangelio es poder de Dios para salvación. Abraham nos enseña que, en un mundo lleno de escepticismo, la verdadera valentía en Dios no se esconde ni se intimida, sino que se afirma con confianza.

Paso TRES
ACTÚA CON VALENTÍA, INCLUSO EN LA ADVERSIDAD

Dios le dio este mandato a Josué en un momento crucial, cuando estaba a punto de liderar al pueblo de Israel hacia la conquista de la Tierra Prometida. Dios sabía que el camino estaría lleno de desafíos y obstáculos, pero le aseguró a Josué que Su presencia lo acompañaría constantemente. Este llamado a la valentía y a confiar en Dios sigue siendo relevante para nosotros hoy. Como hombres que desean vivir conforme al corazón de Dios, estamos llamados a actuar con valentía, a avanzar en fe incluso cuando el futuro es incierto o cuando las dificultades parecen insuperables, sabiendo que Dios está con nosotros.

"Esfuérzate y sé valiente; no temas ni desmayes, porque Jehová tu Dios estará contigo dondequiera que vayas."

Josué 1:9

Reflexiona

¿Qué desafíos actuales requieren más valentía de tu parte?

¿Cómo puedes recordar que Dios está contigo en momentos difíciles?

¿Qué te enseña la obediencia de Abraham en circunstancias inciertas?

¿Cómo puedes actuar en fe, confiando en el propósito de Dios?

¿Cuál es tu próximo paso de valentía en la adversidad?

Acción

Haz una lista de las situaciones que te causan ansiedad o miedo. Colócalas delante de Dios en oración, pidiéndole que te llene de valentía para enfrentar cada una, confiando en Su promesa de estar contigo.

Actúa con valentía, incluso en la adversidad

Abraham enfrentó una de sus mayores pruebas de fe cuando Dios le pidió que ofreciera a su hijo Isaac como sacrificio. A pesar de la incertidumbre y el inmenso dolor que esta petición le causó, Abraham obedeció con determinación, subiendo al monte con su hijo y dispuesto a realizar el sacrificio (Génesis 22:1-14). Esta obediencia radical mostró una valentía profunda, que no surgió de la ausencia de dudas o dolor, sino de una confianza total en el carácter de Dios. Aunque no entendía el propósito completo, sabía que Dios era fiel. Para el guerrero espiritual, esta historia muestra que la verdadera valentía no significa la ausencia de adversidad, sino la disposición a actuar con fe en medio de las circunstancias difíciles. Así, Abraham nos enseña que ser valiente en Dios es avanzar en obediencia, aun cuando el costo parezca alto, confiando en Su propósito.

Paso CUATRO
MANTÉN TU CORAZÓN FIRME ANTE LA PERSECUCIÓN

La valentía se hace evidente no solo en los desafíos externos, sino también en aquellos momentos en los que enfrentamos oposición o incluso persecución por nuestra fe. Jesús nos recuerda que hay bendición en sufrir por defender la justicia y la verdad, y que seremos recompensados por nuestra fidelidad a Sus principios. Aunque el mundo a menudo rechace o critique los valores de Dios, aquellos que deciden mantenerse firmes y fieles ante estas pruebas están demostrando una valentía que va más allá de la fortaleza humana. Su recompensa no es solo momentánea, sino que se extiende hasta la eternidad, prometida por Dios mismo.

"Bienaventurados los que padecen persecución por causa de la justicia, porque de ellos es el reino de los cielos."

Mateo 5:10

Reflexiona

¿Has enfrentado rechazo por tu fe? ¿Cómo reaccionaste?

¿Cómo puedes mantener la paz y el valor en tiempos de oposición?

¿Qué te inspira la decisión de Abraham de renunciar a su ventaja por paz?

¿Cómo podrías responder con valentía y justicia en tus relaciones?

¿Qué actitud necesitas reforzar para permanecer firme en la verdad?

Acción

flexiona sobre cómo reaccionas cuando tu fe es puesta a prueba. Ora para que Dios te dé un corazón valiente, dispuesto a sufrir por la causa de la justicia y el evangelio, sabiendo que Su recompensa es segura.

Mantén tu corazón firme ante la persecución

Aunque Abraham no experimentó una persecución violenta, enfrentó oposición y conflictos, como las disputas entre sus siervos y los de su sobrino Lot sobre las tierras de pastoreo. Abraham, en lugar de responder con confrontación, decidió con valentía mantener la paz, cediendo a Lot el mejor terreno para evitar más conflictos (Génesis 13:5-12). Su firmeza ante la adversidad no consistió en la imposición de su derecho, sino en una disposición a actuar con paciencia y fe. Este ejemplo muestra que la valentía en Dios nos permite enfrentar la oposición con un espíritu de paz, sin temor ni resentimiento. Para el guerrero espiritual, el verdadero valor también implica la capacidad de renunciar a la propia ventaja por el bien de la paz, confiando en que Dios proveerá en su fidelidad y recompensará nuestra disposición de actuar con justicia y paz.

Paso CINCO
SÉ VALIENTE PARA AMAR COMO CRISTO

El amor posee una fuerza inmensa que tiene el poder de expulsar el miedo. Amar a los demás con el amor de Cristo es un acto que exige valentía, ya que con frecuencia implica salir de nuestra zona de confort y, en ocasiones, poner las necesidades de otros por encima de las nuestras. Este tipo de amor no teme al sacrificio, sino que está dispuesto a arriesgarlo todo, con la certeza de que Dios está actuando a través de nuestras acciones para llevar consuelo, esperanza y transformación. Es un amor que refleja la confianza plena en la obra divina, mostrando fe en cada gesto de compasión y entrega.

"En el amor no hay temor, sino que el perfecto amor echa fuera el temor; porque el temor lleva en sí castigo. De donde el que teme, no ha sido perfeccionado en el amor."

1 Juan 4:18

Reflexiona

¿En qué área de tu vida necesitas valentía para amar como Cristo?

¿Cómo puedes permitir que el amor de Dios expulse el temor en tus relaciones?

¿Qué te enseña la intercesión de Abraham sobre amar a otros con compasión?

¿Cómo podrías actuar con valentía y sacrificio por alguien esta semana?

¿De qué manera el amor sacrificial de Cristo puede moldear tus acciones?

Acción

Esta semana, elige a alguien a quien normalmente te cuesta mostrarle amor. Actúa de manera intencional, demostrando el amor de Cristo, y observa cómo esto cambia tu actitud y la relación.

Sé valiente para amar como Cristo

Abraham también demostró un amor decidido hacia su familia y su comunidad. A pesar de las fallas de las ciudades de Sodoma y Gomorra, él intercedió ante Dios para que las perdonara si encontraba allí personas justas. Abraham abogó por los justos que pudieran estar en medio de la ciudad, mostrando una valentía que iba más allá de sus propios intereses (Génesis 18:22-33). Este acto de intercesión refleja un amor sacrificial, dispuesto a arriesgarlo todo en compasión por otros. Para el guerrero espiritual, esta intercesión de Abraham es un ejemplo de valentía que se manifiesta en el amor por los demás, especialmente en oración y acción. La valentía para amar con compasión no se trata de nuestras fuerzas, sino de un reflejo de la misma valentía de Cristo. Actuar con amor nos recuerda que somos llamados a velar y cuidar por quienes nos rodean, mostrando el corazón de Cristo en nuestras relaciones.

RECUERDA

Esta etapa nos invita a desarrollar una valentía profunda y constante para seguir a Cristo sin vacilar, incluso frente a desafíos extremos. Siguiendo el ejemplo de Abraham, hemos visto que la verdadera valentía no es la ausencia de miedo, sino la firme decisión de actuar en fe. Abraham mostró valentía al dejar su hogar, al confiar en la promesa de un hijo a pesar de la vejez y al obedecer a Dios con un amor sacrificial al interceder por Sodoma y ofrecer a Isaac. Esta valentía nace de una confianza absoluta en la fidelidad de Dios y de una determinación de actuar conforme a Su voluntad, aunque los resultados parezcan inciertos. La valentía de un guerrero espiritual implica no solo enfrentar pruebas externas, sino también ser fiel en la adversidad interna, mostrando el amor de Cristo y defendiendo Su verdad.

> La valentía en el amor se manifiesta al sacrificar por otros, confiando en que Dios obra en cada acto de compasión.

RETO DEL GUERRERO

La valentía para Jesús no es solo una característica para admirar, sino un mandato que debemos seguir. A lo largo de este estudio, has reflexionado sobre cómo la valentía se manifiesta en la defensa de tu fe, en el amor sacrificial, y en la disposición de enfrentar las pruebas sin temor. Ahora, te desafío a aplicar lo aprendido, recordando que Dios te acompaña en cada batalla. Ora para que Dios te conceda un corazón valiente y firme, dispuesto a servirle sin temor y a ser un testigo fiel de Su amor y verdad. Que tu vida refleje la valentía de Jesús en todas tus acciones, decisiones y relaciones.

"Hijitos míos, no amemos de palabra ni de lengua, sino de hecho y en verdad."

1 Juan 3:18

CONCLUSIÓN
UN CORAZÓN TRANSFORMADO POR PRINCIPIOS ETERNOS

Al finalizar este estudio, recuerda que su propósito no es simplemente adquirir conocimiento, sino experimentar una transformación profunda y real en tu vida. Cada una de las lecciones ha sido un llamado a examinar tu carácter y tus acciones a la luz de la Palabra de Dios, guiándote a desarrollar las cualidades de un hombre conforme al corazón de Dios: un **Corazón guerrero**.

Un **Corazón guerrero** no solo se define por su fuerza, sino por su integridad, humildad, amor sacrificial, fortaleza espiritual, autodisciplina, empatía en el liderazgo, y valentía con determinación. Estas no son simplemente virtudes abstractas, sino características fundamentales que Dios desea ver arraigadas en tu vida como su hijo. Cada paso que tomes en esta dirección es un reflejo del carácter de Cristo en ti, marcando la diferencia no solo en tu vida, sino en el mundo que te rodea.

Confianza en las promesas de Dios para un guerrero

Dios te ha prometido estar a tu lado en cada batalla. Enfrentarás desafíos, pero nunca estarás solo. La fortaleza espiritual, el amor sacrificial y la autodisciplina que caracterizan a un **Corazón guerrero** no provienen de tu propia capacidad, sino del poder transformador de Dios. Él te fortalecerá para vivir una vida íntegra, humilde y valiente en un mundo que constantemente te reta. Recuerda que es Dios quien te capacita para ser ese guerrero que lucha con fe y determinación, confiando en Su fidelidad.

Un llamado a la acción constante del guerrero

La transformación espiritual es un proceso continuo que requiere constancia. No es suficiente conocer los principios, sino vivirlos cada día. El **Corazón guerrero** nunca deja de crecer, de aprender y de fortalecerse. Este viaje no termina aquí; más bien, es el inicio de una travesía de perseverancia y crecimiento en tu relación con Dios, afianzando estas cualidades en todas las áreas de tu vida.

El último desafío del corazón guerrero

El conocimiento que has adquirido no es para que lo guardes, sino para que lo pongas en práctica. Como guerrero espiritual, tu desafío es aplicar lo aprendido en tu día a día, permitiendo que el Espíritu Santo te guíe y capacite para vivir de acuerdo con los principios que has estudiado. Confía en que Dios continuará obrando poderosamente en ti, y que tu vida será una luz para quienes te rodean.

Un **Corazón guerrero** es aquel que sigue buscando a Dios con humildad, orando por fortaleza, sabiduría y amor para reflejar el carácter de Cristo en todo lo que hace. Agradece a Dios por este tiempo de estudio y reflexión, y pídele que continúe moldeando tu vida. Este viaje no es el final, sino el comienzo de una vida llena de propósito, donde tu **Corazón guerrero** saldrá al mundo, listo para marcar la diferencia.

VOTO DEL CORAZÓN GUERRERO

Yo, _____, reconociendo mi llamado como hombre conforme al corazón de Dios, me comprometo hoy a vivir guiado por los principios de integridad, humildad, amor sacrificial, fortaleza espiritual, autodisciplina, empatía en el liderazgo, y valentía con determinación.

Delante de Dios, me comprometo a:

- ✓ Buscar diariamente la integridad, reflejando la justicia, honestidad y verdad en cada área de mi vida.
- ✓ Practicar la humildad, sirviendo a los demás sin esperar reconocimiento, siguiendo el ejemplo de Cristo.
- ✓ Vivir un amor sacrificial, poniendo las necesidades de otros antes que las mías, actuando con generosidad y entrega.
- ✓ Fortalecer mi vida espiritual, confiando plenamente en Dios, buscando Su poder en las pruebas y adversidades.
- ✓ Desarrollar una autodisciplina constante, controlando mis impulsos y deseos, alineándolos con la voluntad de Dios.
- ✓ Liderar con empatía, valorando y edificando a quienes me rodean, fomentando relaciones de confianza y bienestar.
- ✓ Actuar con valentía y determinación, defendiendo mi fe y mis principios aun en medio de la oposición y los desafíos.
- ✓ Ser un guerrero decidido, avanzando en el camino de la fe sin retroceder, confiando siempre en las promesas de Dios.

Con la ayuda del Espíritu Santo, me comprometo a crecer continuamente como un guerrero espiritual, permitiendo que Dios moldee mi carácter para reflejar a Cristo en todo lo que hago. Hoy hago este pacto con Dios, sabiendo que no estoy solo en este camino y confiando en Sus promesas de fortaleza, guía y presencia en cada paso.

Firma: _____ **Fecha:** _____

AUTOEVALUACIÓN

Test de Autoevaluación
CORAZÓN VALIENTE

Instrucciones: Para cada afirmación, marque en una escala del 1 al 5, donde: 1 = Muy en desacuerdo, 2 = En desacuerdo, 3 = Neutral, 4 = De acuerdo y 5 = Muy de acuerdo.

Pregunta					
1. Me esfuerzo por ser honesto en todas mis palabras y acciones, incluso cuando es difícil.	1	2	3	4	5
2. Reconozco mis errores y busco aprender de ellos, en lugar de justificarme.	1	2	3	4	5
3. Estoy dispuesto a hacer sacrificios personales por el bienestar de mis seres queridos.	1	2	3	4	5
4. Mantengo mi paz interior y fe aun en tiempos de adversidad y dificultad.	1	2	3	4	5
5. Tengo control sobre mis impulsos y emociones, especialmente en situaciones difíciles.	1	2	3	4	5
6. Escucho activamente a los demás, buscando entender su perspectiva antes de hablar.	1	2	3	4	5
7. Me mantengo firme en mis valores y metas, sin importar las dificultades que enfrente.	1	2	3	4	5
8. No temo defender lo que creo, incluso si esto implica enfrentar la desaprobación de otros.	1	2	3	4	5
9. Mis decisiones reflejan mis valores personales sin comprometer mis principios.	1	2	3	4	5
10. Trato a los demás con respeto, valorando sus opiniones sin imponer las mías.	1	2	3	4	5
11. Actúo con generosidad, sin esperar algo a cambio de las personas a quienes ayudo.	1	2	3	4	5
12. Confío en que Dios me ayudará a superar los desafíos, más allá de mis propios esfuerzos.	1	2	3	4	5
13. Actúo de acuerdo a mis metas y valores, incluso si esto requiere sacrificio personal.	1	2	3	4	5
14. Siento compasión por las personas en momentos de dolor y procuro brindar apoyo.	1	2	3	4	5
15. Aun cuando otros desisten, me esfuerzo en cumplir con los compromisos que hago.	1	2	3	4	5
16. Estoy dispuesto a arriesgarme para alcanzar metas importantes en mi vida.	1	2	3	4	5
17. Mantengo mi palabra y hago lo correcto, aun cuando no haya nadie observando.	1	2	3	4	5
18. Pongo las necesidades de otros antes de mis propios deseos, cuando es necesario.	1	2	3	4	5
19. Busco activamente formas de servir y apoyar a otros en su crecimiento.	1	2	3	4	5
20. Uso la oración y la meditación para fortalecer mi espíritu en momentos de crisis.	1	2	3	4	5
21. Mantengo hábitos saludables que fortalecen mi cuerpo, mente y espíritu.	1	2	3	4	5
22. Trato a las personas con amabilidad, incluso cuando estoy en desacuerdo con ellas.	1	2	3	4	5
23. Mi convicción me ayuda a superar la frustración y el cansancio en momentos de lucha.	1	2	3	4	5
24. Confío en la fuerza de Dios para guiarme, aun cuando enfrento incertidumbre o temor.	1	2	3	4	5

Instrucciones de Cálculo

1. **Anota la respuesta** en cada casilla correspondiente según el número de pregunta (1 al 5).
2. **Suma las puntuaciones** de cada fila para obtener un subtotal para cada cualidad.
3. Consulta la columna **Evaluación** para interpretar el nivel de desarrollo en cada característica.

Característica	Pregunta	Pregunta	Pregunta	Total	Evaluación
Integridad	1 = ____	9 = ____	17 = ____		12-15: Excelente desarrollo en esta cualidad. 8-11: Buen desarrollo, pero puede mejorar. 3-7: Necesita fortalecer esta cualidad.
Humildad	2 = ____	10 = ____	18 = ____		12-15: Excelente desarrollo en esta cualidad. 8-11: Buen desarrollo, pero puede mejorar. 3-7: Necesita fortalecer esta cualidad.
Amor Sacrificial	3 = ____	11 = ____	19 = ____		12-15: Excelente desarrollo en esta cualidad. 8-11: Buen desarrollo, pero puede mejorar. 3-7: Necesita fortalecer esta cualidad.
Fortaleza Espiritual	4 = ____	12 = ____	20 = ____		12-15: Excelente desarrollo en esta cualidad. 8-11: Buen desarrollo, pero puede mejorar. 3-7: Necesita fortalecer esta cualidad.
Autodisciplina	5 = ____	13 = ____	21 = ____		12-15: Excelente desarrollo en esta cualidad. 8-11: Buen desarrollo, pero puede mejorar. 3-7: Necesita fortalecer esta cualidad.
Empatía	6 = ____	14 = ____	22 = ____		12-15: Excelente desarrollo en esta cualidad. 8-11: Buen desarrollo, pero puede mejorar. 3-7: Necesita fortalecer esta cualidad.
Determinación	7 = ____	15 = ____	23 = ____		12-15: Excelente desarrollo en esta cualidad. 8-11: Buen desarrollo, pero puede mejorar. 3-7: Necesita fortalecer esta cualidad.
Valentía	8 = ____	16 = ____	24 = ____		12-15: Excelente desarrollo en esta cualidad. 8-11: Buen desarrollo, pero puede mejorar. 3-7: Necesita fortalecer esta cualidad.

CORAZÓN GUERRERO

Guía de Estudio para Grupos Pequeños

Lección 1
INTEGRIDAD
El Pilar de un Guerrero Espiritual

La integridad significa vivir de acuerdo con los principios de Dios, mostrando justicia, honestidad y verdad en todas las áreas de nuestra vida. En este estudio, exploraremos cómo los principios bíblicos de integridad pueden ayudarnos a construir una vida que inspire y refleje el carácter de Cristo en cada aspecto de nuestras decisiones y acciones.

Dinámica en Grupo
Lea y reflexione sobre los siguientes versículos: Salmos 15:2, 2 Corintios 13:5, Proverbios 12:22, Job 31:1 y Proverbios 27:17

¿Qué dice?
1. ¿Qué describe el Salmo 15:2 acerca de una persona íntegra?
2. ¿Cómo nos llama 2 Corintios 13:5 a evaluar nuestra integridad y fe?
3. ¿Qué actitud hacia la honestidad menciona Proverbios 12:22?
4. ¿Qué compromiso hacia la pureza e integridad vemos en Job 31:1?
5. ¿Cómo refleja Proverbios 27:17 el valor de la integridad en las relaciones?

¿Qué significa?
1. ¿Qué implica para nuestra vida diaria vivir de acuerdo con la integridad en cada decisión?
2. ¿Cómo crees que la autoevaluación de 2 Corintios 13:5 ayuda a fortalecer nuestra fe y carácter?

Pensamiento Clave

La integridad fortalece nuestro testimonio y tiene un impacto positivo en quienes nos rodean. Actuar con integridad, evitando el mal y practicando la justicia y la verdad, nos permite reflejar el carácter de Cristo en toda situación.

3. ¿Por qué la honestidad y veracidad, mencionadas en Proverbios 12:22, son valiosas para nuestras relaciones?
4. ¿Cómo podemos fortalecer nuestra integridad mediante relaciones que nos inspiren y guíen hacia el bien?

¡Aplícalo!

1. ¿En qué situaciones de la vida diaria puedes aplicar los principios de integridad aquí mencionados?
2. ¿Qué áreas de tu vida necesitan mayor integridad para reflejar el carácter de Cristo?
3. ¿Qué compromisos podrías asumir esta semana para vivir con mayor coherencia entre lo que crees y lo que haces?

PLAN DE ACCIÓN PARA UNA VIDA DE INTEGRIDAD

Para desarrollar una vida íntegra, considera las siguientes prácticas:

- ✓ **Autoevaluación constante**: Dedica tiempo cada semana para revisar si tus acciones y pensamientos están alineados con los principios de Dios.
- ✓ **Transparencia en las relaciones**: Vive con autenticidad y sinceridad, sin máscaras.
- ✓ **Límites morales claros**: Establece límites basados en la Palabra de Dios para protegerte de la tentación y fortalecer tu carácter.
- ✓ **Apoyo comunitario**: Rodéate de personas que te inspiren a vivir con integridad y rinde cuentas con sinceridad.

Desafío del Guerrero

Esta semana, elige un área de tu vida donde deseas reflejar más integridad. Comprométete a tomar decisiones que demuestren justicia y verdad, sabiendo que cada acto de integridad fortalece tu relación con Dios y tu testimonio ante los demás.

Lección 2
HUMILDAD
La Fuerza Silenciosa del Guerrero

La humildad, como fuerza esencial en la vida de un guerrero de Dios, nos invita a reconocer nuestra dependencia de Él y a valorar a los demás por encima de nuestras propias ambiciones. Este estudio examina cómo Jesús y las enseñanzas bíblicas nos instan a vivir con humildad y servir desinteresadamente, mostrándonos que la verdadera grandeza radica en el servicio a otros y en el desprendimiento del orgullo personal.

Dinámica en Grupo

Reflexione en los siguientes versículos: Filipenses 2:3, Mateo 20:28, 1 Pedro 5:5, Mateo 20:26 y 1 Pedro 5:6

¿Qué dice?

1. ¿Qué nos enseña Filipenses 2:3 sobre la actitud hacia los demás?
2. ¿Cómo se describe el papel de Jesús como siervo en Mateo 20:28?
3. ¿Cuál es la instrucción de 1 Pedro 5:5 sobre nuestra relación con los demás?
4. ¿Qué enseñanzas ofrece Mateo 20:26 sobre el liderazgo en el reino de Dios?
5. ¿Qué promesa se da en 1 Pedro 5:6 para quienes viven humildemente?

¿Qué significa?

1. ¿Por qué crees que el servicio y la humildad son valores fundamentales en el reino de Dios?
2. ¿Qué implica en nuestra vida cotidiana considerar a otros como "superiores a nosotros mismos"?

Pensamiento Clave

La verdadera grandeza en el reino de Dios radica en la humildad y el servicio. Inspirados en la vida de Jesús, encontramos en la humildad una fuerza que no solo define nuestro carácter, sino que también edifica nuestras relaciones y nuestra comunidad.

3. ¿Cómo crees que la humildad podría transformar tus relaciones en la familia y la comunidad?

4. ¿Qué te enseña la promesa de ser "exaltado" a su debido tiempo cuando eliges la humildad?

¡Aplícalo!

1. ¿En qué situaciones podrías sustituir el orgullo por una actitud de humildad?

2. ¿Cómo puedes seguir el ejemplo de Jesús al servir de manera genuina en tu familia, trabajo o comunidad?

3. Piensa en un área de tu vida donde el servicio desinteresado podría fortalecer tus relaciones. ¿Qué pasos tomarás para lograrlo?

PLAN DE ACCIÓN PARA DESARROLLAR HUMILDAD

Para cultivar una actitud de humildad en la vida diaria, considera estas prácticas:

- ✓ Evalúa si tus acciones buscan reconocimiento o reflejan un espíritu de servicio sincero.
- ✓ **Escucha activamente**, en tus conversaciones, escucha con atención y respeto.
- ✓ Realiza actos de servicio sin esperar recompensas ni reconocimiento.
- ✓ Reconoce la guía de Dios en todos tus logros y acepta tus limitaciones con humildad.

Desafío del Guerrero

Esta semana, comprométete a realizar un acto de servicio desinteresado cada día, reflejando la humildad de Cristo en tus acciones y relaciones. Pide a Dios que te dé un corazón humilde y dispuesto, recordando que la verdadera grandeza en el reino de Dios no se encuentra en el poder o el reconocimiento, sino en el amor y servicio hacia los demás.

Lección 3
AMOR SACRIFICIAL
La Marca de un Guerrero Comprometido

El amor sacrificial va más allá de las emociones y exige una entrega total, priorizando el bienestar y las necesidades de los demás, como Cristo lo hizo por nosotros. La historia de Oseas y su amor incondicional por Gómer ilustra este amor profundo y comprometido, que persevera incluso en circunstancias dolorosas. En un mundo que a menudo busca relaciones transaccionales, este estudio nos invita a vivir el amor sacrificial como una señal distintiva de un verdadero guerrero espiritual, llamado a reflejar el amor de Cristo en todas sus relaciones.

Dinámica en Grupo
Lea y reflexione sobre los siguientes versículos: *Efesios 5:25, Juan 15:13, 1 Corintios 13:4, 1 Corintios 16:14 y Lucas 6:38*

¿Qué dice?
1. ¿Cómo describe el apóstol Pablo el amor que los esposos deben tener por sus esposas en Efesios 5:25?
2. ¿Cuál es el estándar de amor que Jesús presenta en Juan 15:13?
3. ¿Qué características del amor se destacan en 1 Corintios 13:4?
4. ¿Cómo debe expresarse el amor en todas las cosas que hacemos, según 1 Corintios 16:14?
5. ¿Qué mensaje central nos da Lucas 6:38 sobre la generosidad en el amor?

Pensamiento Clave

El amor sacrificial de Cristo nos da el modelo de un amor incondicional que trasciende las circunstancias y busca el bienestar de los demás. Este amor, reflejado en la historia de Oseas y en la vida de Jesús, nos desafía a transformar nuestras relaciones a través de la entrega y la generosidad.

¿Qué significa?

1. ¿Qué implica para ti el llamado a amar de manera sacrificial?
2. ¿Cómo desafía este amor incondicional las expectativas de reciprocidad que a veces tenemos?
3. ¿Por qué crees que la Biblia enfatiza un amor que se da sin esperar nada a cambio?
4. ¿Cómo podrían cambiar tus relaciones si comienzas a amar sin buscar beneficios personales?

¡Aplícalo!

1. ¿Cómo puedes aplicar el amor sacrificial en una relación específica esta semana?
2. ¿Qué situaciones diarias podrían beneficiarse de una actitud de amor comprometido y constante?
3. Piensa en alguien que necesite tu apoyo esta semana. ¿Cómo puedes mostrarle amor sin esperar nada a cambio?

PLAN DE ACCIÓN PARA DESARROLLAR EL AMOR SACRIFICIAL

Para integrar el amor sacrificial en tu vida diaria, considera estas ideas:

- ✓ Realiza acciones amables y de ayuda sin esperar nada a cambio.
- ✓ Piensa en el bienestar de tus seres queridos antes de tus propios deseos.
- ✓ Expresa gratitud y generosidad encontrando maneras de agradecer y valorar a los demás con tus acciones.
- ✓ Busca el bien de los demás sin centrarte en lo que puedas recibir.

Desafío del Guerrero

Comprométete a realizar un acto de amor sacrificial cada día esta semana, sin esperar reconocimiento ni gratitud. Pídele a Dios que te dé un corazón generoso y valiente, dispuesto a amar como Cristo amó, recordando que un verdadero guerrero espiritual se caracteriza por la entrega y la compasión hacia quienes le rodean.

Lección 4
FORTALEZA ESPIRITUAL
El Escudo Inquebrantable del Guerrero Espiritual

La fortaleza espiritual es la capacidad de depender de Dios como nuestra fuente de fuerza en todas las circunstancias. Este tipo de fortaleza no solo ayuda en tiempos de crisis, sino que se convierte en un apoyo constante frente a la ansiedad, el estrés y la incertidumbre. La vida de Daniel ilustra cómo la fe profunda y la confianza en Dios pueden sostenernos en los momentos más oscuros. Este estudio invita a los participantes a fortalecer su conexión con Dios, a recordar Sus promesas y a perseverar, independientemente de las circunstancias externas.

Dinámica en Grupo

Lea y reflexione sobre los siguientes versículos: *Salmos 34:17, Isaías 40:31, Filipenses 4:13, Filipenses 4:7 y Mateo 5:10.*

¿Qué dice?

1. ¿Qué promete Dios a quienes claman a Él en momentos de angustia, según Salmos 34:17?
2. ¿Qué nos enseña Isaías 40:31 sobre esperar en el Señor y la renovación de nuestras fuerzas?
3. ¿Cómo describe Pablo en Filipenses 4:13 la fuente de nuestra fortaleza?
4. ¿Qué tipo de paz promete Dios en Filipenses 4:7, y cómo nos guarda?
5. ¿Qué recompensa promete Jesús a los que son perseguidos por causa de la justicia en Mateo 5:10?

Pensamiento Clave

La fortaleza espiritual es el escudo que nos permite enfrentar la vida con resiliencia y confianza en Dios. Siguiendo el ejemplo de Daniel, quien encontró fortaleza en la oración y en la paz que Dios provee, somos llamados a desarrollar una dependencia profunda en Dios y a recordar Sus promesas en cada desafío.

¿Qué significa?

1. ¿Por qué es importante encontrar fortaleza en Dios en lugar de en nuestras propias fuerzas?
2. ¿Cómo podrías aplicar la enseñanza de Isaías 40:31 en tiempos de espera o incertidumbre?
3. ¿Qué significa para ti "todo lo puedo en Cristo que me fortalece"?
4. ¿Cómo te anima la promesa de Jesús en Mateo 5:10 a perseverar en medio de la oposición?

¡Aplícalo!

1. ¿Qué situaciones actuales en tu vida requieren una fortaleza espiritual renovada?
2. ¿Cómo puedes recordar las promesas de Dios cuando enfrentas pruebas?
3. Piensa en una situación reciente que haya desafiado tu paz. ¿Qué harás para buscar la paz de Dios en esos momentos?

PLAN DE ACCIÓN PARA DESARROLLAR LA FORTALEZA ESPIRITUAL

Para fortalecer tu vida espiritual, considera las siguientes ideas prácticas:

- ✓ **Dedica tiempo a la oración diaria** pues la oración es tu conexión directa con Dios, quien es la fuente de toda fortaleza.
- ✓ Encuentra en la Biblia palabras que te animen y fortalézcan en momentos de prueba.
- ✓ Acepta la paz que Dios ofrece, sin permitir que las circunstancias la alteren.
- ✓ Mantente firme en la fe, sin ceder, aun cuando otros te cuestionen.

Desafío del Guerrero

Esta semana, dedícate a fortalecer tu vida espiritual a través de la oración y la meditación en las promesas de Dios. Cuando te enfrentes a una situación que desafíe tu paz o tu fe, toma un momento para buscar la presencia de Dios y confiar en Su fortaleza.

Lección 5
AUTODISCIPLINA
El Control Interno del Guerrero Espiritual

La autodisciplina es una virtud clave que permite al hombre de Dios controlar sus impulsos, emociones y deseos para vivir de acuerdo con los principios bíblicos. Inspirado en el ejemplo de Pablo, quien ejerció un dominio profundo sobre sus deseos y reacciones, este estudio invita a los participantes a profundizar en la importancia de la autodisciplina. Al vivir en un mundo que promueve la gratificación instantánea, la autodisciplina es esencial para desarrollar un carácter fuerte y resiliente que refleje la fidelidad a Cristo.

Dinámica en Grupo

Lea y reflexione sobre los siguientes versículos: *1 Corintios 9:27, Proverbios 16:32, 1 Corintios 10:23, Santiago 1:8 y Filipenses 4:13*

¿Qué dice?

1. ¿Qué significa "golpear el cuerpo y hacerlo esclavo" en 1 Corintios 9:27 en cuanto a la autodisciplina?
2. ¿Cómo describe Proverbios 16:32 la fortaleza de alguien que controla sus emociones?
3. ¿Qué diferencia menciona 1 Corintios 10:23 entre lo que es permisible y lo que es edificante?
4. ¿Cómo se relaciona el ser de "doble ánimo" en Santiago 1:8 con la constancia en la autodisciplina?
5. ¿Qué papel juega Cristo en nuestra capacidad de autodisciplina, según Filipenses 4:13?

Pensamiento Clave

La autodisciplina es un reflejo de la entrega completa a los principios de Dios y un compromiso firme con Su llamado. Inspirados por el ejemplo de Pablo, somos desafiados a vivir de manera intencional, sometiendo cada impulso y acción al Señor.

¿Qué significa?

1. ¿Por qué es importante "hacer esclavo al cuerpo" y someterlo al control espiritual?
2. ¿Qué nos enseña Proverbios sobre la verdadera fortaleza en relación con el autocontrol?
3. ¿Cómo podemos discernir lo que realmente edifica y contribuye a nuestro crecimiento espiritual?
4. ¿De qué manera afecta la inconstancia a nuestras metas espirituales y personales?

¡Aplícalo!

1. ¿Qué áreas de tu vida requieren mayor autodisciplina?
2. ¿Cómo puedes mejorar el control sobre tus emociones, especialmente en situaciones desafiantes?
3. ¿Qué hábito específico te propones mejorar esta semana para fortalecer tu autodisciplina?

PLAN DE ACCIÓN PARA DESARROLLAR LA AUTODISCIPLINA

Para cultivar la autodisciplina en tu vida, considera las siguientes prácticas:

- ✓ Controla tus emociones y aprende a responder en lugar de reaccionar impulsivamente.
- ✓ Identifica y reemplaza aquellos hábitos que no contribuyen a tu crecimiento espiritual.
- ✓ Establece una rutina que te ayude a ser constante en tus esfuerzos de autodisciplina.
- ✓ Enfrenta los desafíos diarios confiando en la ayuda Divina para controlar tus deseos y decisiones.

Desafío del Guerrero

Esta semana, comprométete a fortalecer tu autodisciplina en un área específica de tu vida. Ora para que Dios te dé el autocontrol necesario y establece un plan concreto para trabajar en esa área, confiando en que Su fortaleza te ayudará a perseverar.

Lección 7
DETERMINACIÓN
El Espíritu del Guerrero Imparable

La determinación en el hombre de fe se demuestra cuando mantiene sus principios frente a la adversidad, sosteniéndose firme en Dios. Inspirados en Caleb, quien mostró una perseverancia inquebrantable para cumplir el propósito de Dios a pesar de los obstáculos, exploraremos cómo desarrollar un espíritu de valentía y determinación. Este estudio invita a vivir con convicción, defendiendo la fe sin comprometer los valores en los momentos más difíciles.

Dinámica en Grupo

Reflexionemos en estos versículos: *1 Corintios 16:13, Gálatas 6:9, 1 Pedro 5:8, 1 Corintios 15:58 y Deuteronomio 31:6*

¿Qué dice?

1. ¿Qué significa "estar firmes en la fe" en 1 Corintios 16:13?
2. ¿Cuál es la recompensa para quienes perseveran según Gálatas 6:9?
3. ¿Qué implica estar sobrios y vigilantes en 1 Pedro 5:8?
4. ¿Cómo se describe la obra del Señor en 1 Corintios 15:58?
5. ¿Qué promesa se nos da en Deuteronomio 31:6 sobre la presencia de Dios?

¿Qué significa?

1. ¿Por qué es importante ser valientes para defender la fe y los principios?
2. ¿Por qué la vigilancia es crucial para defender nuestros valores en un mundo cambiante?

Pensamiento Clave

La determinación y la valentía fortalecen el espíritu de un guerrero de Dios, permitiéndole mantenerse fiel a sus convicciones sin importar las circunstancias. A través del ejemplo de Caleb, recordamos que una fe firme y comprometida honra a Dios y nos lleva a cumplir Su propósito.

3. ¿Cómo podemos estar firmes en la obra del Señor aun cuando los resultados tarden en llegar?

4. ¿De qué manera fortalece nuestra fe saber que Dios está siempre con nosotros?

¡Aplícalo!

1. ¿Cómo podrías demostrar valentía en una situación de presión esta semana?

2. ¿Qué te motiva a perseverar, incluso cuando las recompensas parecen distantes?

3. ¿Qué paso concreto puedes tomar para defender tus principios en el trabajo, hogar o comunidad?

PLAN DE ACCIÓN PARA EL DESARROLLO DE LA DETERMINACIÓN

Para cultivar la determinación:

✓ Sé firme en tus creencias, confiando en Dios ante la oposición.

✓ Mantén la fe en la bondad de tus esfuerzos, sin importar el resultado inmediato.

✓ Vive según tus principios, manteniendo alerta ante las influencias externas.

✓ Busca la constancia en tus convicciones, recordando que cada esfuerzo en el Señor tiene significado.

✓ Confía en Su presencia para superar cada desafío.

Desafío del Guerrero

Determina esta semana ser un ejemplo de valentía y determinación, defendiéndote de cualquier tentación de ceder ante las dificultades. Ora para que Dios te dé la fortaleza necesaria para mantenerte firme y fiel en cada desafío, confiando siempre en Su presencia y poder.

Lección 8:
VALENTÍA

El Espíritu de un Guerrero Decidido

La valentía que Dios pide a los creyentes no solo enfrenta desafíos externos, sino que también supera obstáculos internos, confiando en la presencia de Dios en cada paso. Inspirados en Abraham, quien mostró una valentía inquebrantable al seguir el llamado de Dios, exploraremos cómo vivir con una fe que desafía el miedo y la duda, manteniéndonos fieles a los principios de Cristo, aun en medio de la oposición.

Pensamiento Clave

La valentía cristiana nos lleva a actuar conforme a la verdad de Dios, confiando en Su fidelidad y amor. A través de Abraham, aprendemos que un corazón decidido se apoya en Dios y permanece firme, aun en circunstancias inciertas.

Dinámica en Grupo

Reflexionemos en estos versículos: *Salmos 27:1, Romanos 1:16, Josué 1:9, Mateo 5:10 y 1 Juan 4:18.*

¿Qué dice?

1. ¿Cómo describe el salmista la valentía en Dios en Salmos 27:1?
2. ¿Qué afirma Pablo sobre el evangelio en Romanos 1:16?
3. ¿Cuál es la promesa de Dios para quienes actúan con valentía en Josué 1:9?
4. ¿Qué bendición se promete a los perseguidos por su fe en Mateo 5:10?
5. ¿Cómo define Juan el amor y el miedo en 1 Juan 4:18?

¿Qué significa?

1. ¿Cómo puedes encontrar seguridad en Dios frente a tus miedos?
2. ¿Por qué es importante que no te avergüences del evangelio?

3. ¿Qué significa actuar con valentía sabiendo que Dios está contigo?

4. ¿De qué forma te inspira el amor de Dios a actuar sin temor?

¡Aplícalo!

1. ¿Qué situación actual requiere que confíes en Dios para vencer el miedo?

2. ¿Cómo podrías ser más abierto al compartir tu fe esta semana?

3. ¿Qué te motiva a mostrar valentía y compasión en tus relaciones?

PLAN DE ACCIÓN PARA EL DESARROLLO DE LA VALENTÍA

Para vivir con una valentía que inspire:

✓ Busca en Dios la seguridad para enfrentar tus miedos.

✓ Vive el evangelio sin vergüenza, sabiendo que es el poder de Dios.

✓ Confía en que Dios está contigo en cada desafío.

✓ Persevera en tus principios aun en momentos de persecución.

✓ Muestra valentía al amar, dejando que el amor de Dios expulse todo temor.

Desafío del Guerrero

El llamado a ser valientes como Jesús es un reto diario. Esta semana, te invito a aplicar lo aprendido y vivir con valentía en tu fe, tus relaciones y tus decisiones. Ora para que Dios te conceda un corazón dispuesto a actuar en Su nombre, confiando en Su amor y Su presencia constante, y recordando que cada paso de valentía refleja Su luz en el mundo.

Made in United States
Troutdale, OR
11/25/2024